21世纪全国高等教育应用型精品课规划教材

新编大学计算机应用基础习题与上机指导

主 编 徐国文 李 渤 邓小鸿

副主编 张连子 卢欣荣 陈 亮

北京理工大学出版社
BEIJING INSTITUTE OF TECHNOLOGY PRESS

内容简介

本书是《新编大学计算机应用基础》（第一版）的配套教材。全书共分两部分，第一部分是练习与解答，共分八章，分别介绍了计算机基础知识、微型计算机的基本组成与工作原理、Windows XP 操作系统、中文 Word 2003、中文 Excel 2003、中文 PowerPoint 2003、计算机网络与 Internet 应用以及软件工程基础。第二部分是上机指导，设置了 13 个实验，在每个实验中都给出了实验内容、样本及参考操作步骤，以便配合大学计算机应用基础课的教学和读者自学。

本书适用于各高等院校计算机应用基础课的教学用书，也可供其他人员学习和参考。

图书在版编目（CIP）数据

新编大学计算机应用基础习题与上机指导/徐国文，李渤，邓小鸿主编．—北京：北京理工大学出版社，2009.9（2010.7 重印）

ISBN 978－7－5640－2725－4

Ⅰ．新…　Ⅱ．①徐…　②李…　③邓…　Ⅲ．电子计算机－高等学校－教学参考资料　Ⅳ．TP3

中国版本图书馆 CIP 数据核字（2009）第 151105 号

出版发行／北京理工大学出版社

社　　址／北京市海淀区中关村南大街 5 号

邮　　编／100081

电　　话／(010)68914775(总编室)　68944990(批销中心)　68911084(读者服务部)

网　　址／http://www.bitpress.com.cn

经　　销／全国各地新华书店

印　　刷／山东临沂新华印刷集团有限公司

开　　本／710 毫米×1000 毫米　1/16

印　　张／8.75

字　　数／180 千字

版　　次／2009 年 9 月第 1 版　　2010 年 7 月第 2 次印刷

印　　数／4001～5200 册　　责任校对／陈玉梅

定　　价／18.00 元　　责任印制／周瑞红

出版说明

科技的全面创新和现代社会的迅猛发展，反映了科学理论对新技术的指导作用以及科技对现代社会发展的推动作用。面临着这个难得的机遇和挑战，我国高等教育正进一步深化改革，进行教育理念和教学模式的转变，充分发掘学生的综合能力，构建现代教学模式，并扎实推动基础教育的改革方向。

为顺应我国教育改革方向，服务国家战略全局，本套书以提高毕业生综合素质、提高就业率为出发点，结合当今企事业单位对高校毕业生的要求，强调高校学生综合素质的全面提升；并强调以服务为宗旨，努力提升服务社会的能力和水平，实现了优质教育资源的跨区域共享。

图书定位：

本套教材在内容设置上不断拓展思路，推陈出新。作者依据科学的调研数据及准确的数据分析，编写出全面提升当今大学生综合素质的教材内容；强调在能力培养上突出创新性与实践性，注重学生的自主性及学生发展的全面性。这既是高素质人才培养规律的要求，也是突破教学资源瓶颈的有效举措。

图书特色：

- 以就业为导向，培养学生的实际应用能力。
- 以人才培养为中心，围绕学生的全面发展制订内容。
- 以内容为核心，注重形式的灵活性，以便学生易于接受。
- 以提高学生综合素质为基础，注重对学生理论知识体系的构建。

读者定位：

本系列教材主要面向全国高等学校在校教师以及学生。

丛书特色：

- 层次性强。各教材的编写严格按照由浅及深，循序渐进的原则，突出重点、难点，以提高学生的学习效率。

- 实用性强。丛书有较强的指导性，使学生对知识有较准确的把握。
- 先进性强。丛书引进国内外先进的教学理念，使学生在对基础知识有明确了解的同时，提高自主创新能力。

北京理工大学出版社

前 言

本书是《新编大学计算机应用基础》（第一版）的配套教材。

根据计算机基础教学的要求，结合计算机技术的发展，作者长期从事大学计算机应用基础的教学，特别针对目前学生的基础，增加了计算机网络、软件工程等章节。对于 Windows XP，Word 2003，Excel 2003，PowerPoint2003 和计算机网络基础等操作性强的内容，分章节、分层次设计了实验内容，精心筛选了 1 000 余道题目和 13 个实验，在内容的编排上兼顾了各类各层次的读者和应试者的需求，所选择的题目涉及面广，题型丰富，加强了实际操作训练，并在每个实验中都给出了实验内容、样本及参考操作步骤，以便配合大学计算机应用基础课的教学和读者自学。读者可以通过书中大量的、多种类型的习题、思考题和上机操作题，逐步熟悉并掌握计算机的基本知识和使用。

书中内容由浅入深，按照《新编大学计算机应用基础》的内容结构，循序渐进。所选习题内容基本覆盖了教育部考试中心制定的《全国计算机等级考试考试大纲》中一级和二级的计算机基础部分的内容。

由于时间仓促，书中难免存在错误和不妥之处，敬请读者批评指正。

编著者

目 录

第一部分 练习与解答

第一章 计算机基础知识

一、单选题（本大题每小题只有一个答案是正确的，请在括号中填入正确的答案。）

1. 计算机根据运算速度、存储能力、功能强弱、配套设备等因素可划分为（ ）。

A．台式计算机、便携式计算机、膝上型计算机

B．电子管计算机、晶体管计算机、集成电路计算机

C．巨型机、大型机、中型机、小型机和微型机

D．8 位机、16 位机、32 位机、64 位机

2．二进制中的 3 位可以表示（ ）。

A．两种状态　　B．四种状态

C．八种状态　　D．九种状态

3．下列几个不同数制的整数中，最大的一个是（ ）。

A．$(1001001)_2$　　B．$(77)_8$

C．$(70)_{10}$　　D．$(5A)_{16}$

4．在下列字符中，其 ASCII 码值最大的一个是（ ）。

A．Z　　B．9　　C．空格字符　　D．a

5．计算机病毒是一种（ ）。

A．特殊的计算机部件　　B．游戏软件

C．人为编制的特殊程序　　D．能传染致病的生物病毒

6．下列叙述中，正确的一条是（ ）。

A．计算机病毒只在可执行文件中传播

B．计算机病毒主要通过读写软盘或 Internet 网络进行传播

C．只要把带毒软盘片设置成只读状态，那么此盘片上的病毒就不会因读盘而传染给另一台计算机

D．计算机病毒是由于软盘片表面不清洁而造成的

7．下列各组设备中，全部属于输入设备的一组是（ ）。

A．键盘、磁盘和打印机　　B．键盘、扫描仪和鼠标

C．键盘、鼠标和显示器　　D．硬盘、打印机和键盘

8．6 位无符号二进制数能表示的最大十进制整数是（ ）。

A．64　　B．63　　C．32　　D．31

9．在计算机中采用二进制，是因为（ ）。

A．可降低硬件成本　　B．两个状态的系统具有稳定性

C．二进制的运算法很简单　　D．上述三个原因

10．为了避免混淆，十六进制数在书写时常在后面加字母（　　）。

A．H　　B．O　　C．D　　D．B

11．下列叙述中，哪一条是正确的（　　）。

A．反病毒软件通常滞后于计算机新病毒的出现

B．反病毒软件总是超前于病毒的出现，它可以查、杀任何种类的病毒

C．感染过计算机病毒的计算机具有对该病毒的免疫性

D．计算机病毒会危害计算机用户的健康

12．按冯·诺依曼的观点，计算机由五大部件组成，它们是（　　）。

A．CPU、控制器、存储器、输入/输出设备

B．控制器、运算器、存储器、输入/输出设备

C．CPU、运算器、主存储器、输入/输出设备

D．CPU、控制器、运算器、主存储器、输入/输出设备

13．冯·诺依曼为现代计算机的结构奠定了基础，他的主要设计思想是（　　）。

A．程序存储　　B．数据存储　　C．虚拟存储　　D．采用电子元件

14．第4代电子计算机使用的逻辑器件是（　　）。

A．晶体管　　B．电子管

C．中、小规模集成电路　　D．大规模和超大规模集成电路

15．用键盘录入汉字时，从键盘输入的是汉字的（　　）。

A．内码　　B．外码　　C．字符码　　D．交换码

16．已知汉字“计”的十进制区位码是2838，它的十六制国标码是（　　）。

A．3C46　　B．463C　　C．BCC6　　D．C6BC

17．按对应的ASCII码值来比较（　　）。

A．“a”比“b”大　　B．“f”比“Q”大

C．空格比逗号大　　D．“H”比“R”大

18. 已知字符K的ASCII码的十六进制数是4B，则ASCII码的二进制数是1001000对应的字符应为（　　）。

A．G　　B．H　　C．I　　D．J

19．字符5和7的ASCII码的二进制数分别是（　　）。

A．1100101和1100111　　B．10100011和01110111

C．1000101和1100011　　D．0110101和01101111

20．已知字母“F”的ASCII码是46H，则字母“f”的ASCII码是（　　）。

A．66H　　B．26H　　C．98H　　D．34H

21．已知字母“C”的十进制ASCII码为67，则字母“G”的ASCII码的二进制值为（　　）。

A．01111000　　B．01000111　　C．01011000　　D．01000011

22．在 ASCII 码表中，按照 ASCII 码值从小到大排列顺序的是（　）。

A．数字、英文大写字母、英文小写字母

B．数字、英文小写字母、英文大写字母

C．英文大写字母、英文小写字母、数字

D．英文小写字母、英文大写字母、数字

23．汉字在计算机内的表示方法是（　　）。

A．国标码　　B．机内码

C．ASCII 码　　D．最高位置 1 的两字节代码

24．在存储一个汉字内码的两个字节中，每个字节的二进制码的最高位分别是（　　）。

A．0 和 0　　B．1 和 1　　C．0 和 1　　D．1 和 0

25．一个汉字的国标码用 2 个字节来表示，每个字节的二进制码的最高位分别是（　　）。

A．0 和 0　　B．1 和 1　　C．0 和 1　　D．1 和 0

26．存储 1 000 个 32×32 点阵的汉字字模信息需要（　　）KB

A．125　　B．128　　C．126　　D．127

27．ASCII 是（　　）位码。

A．7　　B．16　　C．8　　D．32

28．为了避免混乱，二进制数在书写时常在后面加上字母（　　）。

A．H　　B．D　　C．B　　D．E

29．计算机的存储器容量以字节（B）为单位，1MB 表示（　　）。

A．1 024×1 024 字节　　B．1 024 个二进制数

C．1 000×1 000 字节　　D．1 000×1 024 个二进制数

30．通常说一台微机的内存容量为 8M，指的是（　　）。

A．8M 位　　B．8M 字节　　C．8M 字　　D．8 000 K 字

31．若一个字节为一个存储单位，则一个 64KB 的存储器共有（　　）个存储单元。

A．64 000　　B．65 536　　C．65 535　　D．32 768

32．一个字节由 8 个二进制位组成，它所能表示的最大的十六进制数为（　　）。

A．255　　B．256　　C．8F　　D．FF

33．与四进制数 123 相等的二进制数是（　　）。

A．11011　　B．10111　　C．11101　　D．10101

34．将二进制数 1111011 转换为十进制数是（　　）。

A．59　　B．123　　C．121　　D．107

35．将二进制数 1111011 转换为八进制数是（　　）。

A．153　　B．171　　C．173　　D．371

36．将二进制数 1111011 转换为十六进制数是（　　）。

A．B7　　B．711　　C．79　　D．7B

37．与十进制 873 相等的十六进制数是（　　）。

A．359　　B．2D9　　C．3F9　　D．369

38．十进制数 329 所对应的二进制数是（　　）。

A．101001001　　B．100101001　　C．100100101　　D．101100101

39．二进制数 0.101B 转换成十进制是（　　）。

A．0.625　　B．0.75　　C．0.525　　D．0.6125

40．八进制数 127.6 对应的十六进制数是（　　）。

A．A7.6　　B．5E.C　　C．57.6　　D．57.C

41．在下列不同进制的 4 个数中，最大的 1 个数是（　　）。

A．（11101101）二进制　　B．（95）十进制

C．（37）八进制　　D．（A7）十六进制

42．已知字符 8 的十六进制 ASCII 码是 38H，则二进制数 0110101 是字符（　　）的 ASCII 码。

A．5　　B．6　　C．7　　D．9

43．防止软盘感染病毒的有效方法是（　　）。

A．不要把软盘和有病毒软盘放在一起　B．将软盘写保护

C．保持机房清洁　　D．定期对软盘格式化

44．下面是关于计算机病毒的两种论断：（1）计算机病毒也是一种程序，它在某些条件下激活，起干扰破坏作用，并能传染到其他程序中去。（2）计算机病毒只会破坏磁盘上的数据。经判断（　）。

A．只有（1）正确　　B．只有（2）正确

C．（1）（2）正确　　D．（1）（2）都不正确

45．计算机病毒是一种（　　）。

A．计算机命令　　B．人体病毒

C．计算机程序　　D．外部设备

46．病毒产生的原因是（　）。

A．用户程序有错误　　B．计算机硬件故障

C．计算机系统软件有错误　　D．人为制造

47．在下列 4 项中，不属于计算机病毒特征的是（　　）。

A．潜伏性　　B．可激活性

C．传播性　　D．免疫性

48．若发现某片软盘已经感染上病毒，则可（　　）。

A．将该软盘报废

B．换一台计算机再使用该软盘上的文件

C．将该软盘上的文件拷贝到另一片软盘上使用

D．用消毒软件清除该软盘上的病毒或者在确认无病毒的计算机上格式化该软盘

49．计算机病毒所造成的危害是（　　）。

A．使磁盘发霉　　B．破坏计算机系统

C．使计算机内存芯片损坏　　D．使计算机系统突然断电

50．文件型病毒传染的对象主要是（　　）类文件。

A．WPS　　B．PRG　　C．DBF　　D. COM 和 EXE

第二章　微型计算机的基本组成与工作原理

一、单选题（本大题每小题只有一个答案是正确的，请在括号中填入正确的答案。）

1．微型计算机采用总线结构连接 CPU、内存储器和外设，总线由三部分组成，它包括（　　）。

A．数据总线、传输总线和通信总线

B．地址总线、逻辑总线和信号总线

C．控制总线、地址总线和运算总线

D．外部总线、地址总线和控制总线

2．完整的计算机系统包括（　　）。

A．硬件系统和软件系统　　B．主机和外部设备

C．主机和实用程序　　D．运算器、存储器和控制器

3．计算机工作过程由（　　）控制。

A．存储器　　B．控制器　　C．输入设备　　D．运算器

4．总线的英文名称是（　　）。

A．LINE　　B．BUS　　C．STRING　　D．THREAD

5．输出设备的功能是（　　）。

A．显示图像　　B．打印文字和图像

C．输出计算机的数据以及计算机处理结果　　D．播放声音

6．输出设备的作用不包括（　　）。

A．显示图像　　B．打印文字和图像

C．存储数据　　D．播放声音

7．在主机内，包括 CPU 和内存等各种部件及接口都安装在（　　）上。

A．主板　　B．机架　　C．主存　　D．PCI 插槽上

8. 主机内的总线是（　　）。

A. 提供电源的设备　　B. 存储数据的设备

C. 保持稳定性的设备　　D. 传送数据的通道

9. 转送存取位置信息的总线是（　　）。

A. 数据总线　　B. 地址总线　　C. 控制总线　　D. 其他答案

10. 计算机各个设备之间信息传送的通道是（　　）。

A. 内存　　B. 总线　　C. CPU　　D. 输入设备

11. 主内存储器是（　　）。

A. 硬盘　　B. 光盘　　C. RAM　　D. ROM

12. 平常所说的内存储器是指（　　）。

A. 硬盘与 RAM　　B. RAM　　C. ROM　　D. RAM 和 ROM

13. 一个完整的计算机系统包括（　　）。

A. 主机、键盘、显示器　　B. 主机和各种 I/O 设备

C. 主机、外设和操作系统　　D. 硬件系统和软件系统

14. ROM 和 RAM 的最大区别是（　　）。

A. 一种是内存贮器，一种是外存贮器

B. ROM 只可读，RAM 可读可写

C. 访问 RAM 比访问 ROM 快

D. 访问 ROM 比访问 RAM 快

15. 微型机不可缺少的 I/O 设备是（　　）。

A. 键盘和显示器　　B. 显示器和打印机

C. 键盘和鼠标　　D. 鼠标和打印机

16. 硬盘工作时应特别注意避免（　　）。

A. 噪声　　B. 震动　　C. 潮湿　　D. 日光

17. 微型计算机硬件系统中最核心的部件是（　　）。

A. 主板　　B. CPU　　C. 内存储器　　D. I/O 设备

18. 在计算机领域中通常用 MIPS 来描述（　　）。

A. 计算机的运算速度　　B. 计算机的可靠性

C. 计算机的可运行性　　D. 计算机的可扩充性

19. CPU 的中文意思是（　　）。

A. 主机　　B. 中央处理器　　C. 运算器　　D. 控制器

20. CPU 工作频率又称为（　　）。

A. 工频　　B. MB　　C. 主频　　D. HZ

21. 在 CPU 中，控制器的主要功能是（　　）。

A. 进行逻辑运算　　B. 进行数据运算

C. 存储数据　　D. 指挥各个部件协同工作

22. 下列说法中，错误的是（　　）。

A. CPU 主要由控制器和运算器两个部件组成

B. CPU 是计算机的核心部分

C. 运算器对数据进行存储和利用

D. 控制器控制其他部件工作

23. 主内存储器与微处理器（　　）交换信息。

A. 不能　　B. 可能间接　　C. 能部分　　D. 能直接

24. 在内存中，每个基本存储单位都被赋予一个唯一的序号，这个序号是（　　）。

A. 字节　　B. 编号　　C. 地址　　D. 容量

25. 计算机内存比外存（　　）。

A. 便宜但能存储更多的信息　　B. 存储容量大

C. 存取速度快　　D. 虽贵但能存储更多的信息

26. 下列关于存储器叙述正确的是（　　）。

A. 存储器分为内存储器和外存储器两类

B. 存储器分为软盘和硬盘两种

C. 磁带与光盘不属于存储器

D. 程序和数据都是存放在内存储器中

27. 购买电脑时，我们说的内存条是指（　　）。

A. ROM　　B. RAM　　C. RIM　　D. CACHE

28. 人们常说的闪存是指（　　）。

A. ROM　　B. RAM　　C. Flash Memory　　D. CACHE

29. 液晶显示器又称（　　）。

A. CRT 显示器　　B. LCD 显示器

C. 等离子显示器　　D. LED 显示器

30. 下列各组设备中，全部属于输入设备的一组是（　　）。

A. 键盘、磁盘和打印机　　B. 键盘、扫描仪和鼠标

C. 键盘、鼠标和显示器　　D. 硬盘、打印机和键盘

31. 下列不可以通过扫描仪输入到计算机中的有（　　）。

A. 声音　　B. 图片　　C. 文字　　D. 照片

32. 光盘根据其制造材料和记录信息的方式不同，一般可分为（　　）。

A. CD、VCD

B. CD、VCD、DVD、MP3

C. 只读光盘、可一次性写入光盘、可擦写光盘

D. 游戏光盘，音乐光盘

33. 计算机性能指标包括多项，下列项目中，（　　）不属于性能指标。

A. 主频　　B. 字长　　C. 显示器类型　　D. 内存容量

34. “冯·诺依曼原理”包含（　　）条基本思想。

A. 1　B. 2　C. 3　D. 4

35. 下列说法中，正确的是（　　）。

A. 指令只能用高级语言编写

B. 指令是一组二进制代码，它规定了计算机执行的最基本的一组操作

C. 指令系统有一个统一的标准，所有计算机的指令系统都相同

D. 指令通常由操作码和操作数构成

36. 现在的计算机硬件系统结构一直沿用（　　）提出的模型。

A. 比尔·盖茨　B. 冯·诺依曼　C. 王选　D. 图灵

37. 下列四种软件中，属于系统软件的是（　　）。

A. Word　B. UNIX

C. Internet Explorer　D. Excel

38. 操作系统是一种（　　）。

A. 系统软件　B. 应用程序　C. 软件包　D. 通用软件

39. 系统软件不包括（　　）。

A. 操作系统　B. 编译软件

C. 数据库管理系统　D. 文字处理软件

40. 在同等情况下，计算机执行（　　）速度最快。

A. 高级语言程序　B. 机器语言程序

C. 汇编语言程序　D. 源程序

41. 下面是关于解释程序和编译程序的论述，其中正确的一条是（　　）。

A. 编译程序和解释程序均能产生目标程序

B. 编译程序和解释程序均不能产生目标程序

C. 编译程序能产生目标程序而解释程序则不能

D. 编译程序不能产生目标程序而解释程序能

42. 计算机操作系统的功能是（　　）。

A. 管理和控制系统资源　B. 数据处理

C. 控制外部设备　D. 编译高级语言源程序

43. 能被计算机直接执行的程序是用（　　）编写的。

A. 汇编语言　B. 机器语言

C. 高级语言　D. 自然语言

44. 计算机的存储单元中存储的内容（　　）。

A. 只能是数据　B. 只能是程序

C. 可以是数据和指令　D. 只能是指令

45. 衡量显示器最重要的性能指标是（　　）。

A. 屏幕尺寸　B. 显示速度

C．分辨率　　D．制造厂商

46．操作系统是一种（　　）。

A．编译程序系统　　B．系统软件

C．用户操作规范　　D．高级语言工作环境

47．多媒体数据具有（　　）的特点。

A．数据量大和数据类型少

B．数据类型间区别小和数据类型少

C．数据量大、数据类型多、数据类型间区别小、输入和输出不复杂

D．数据量大、数据类型多、数据类型间区别大、输入和输出复杂

二、多选题（本大题每小题所给的选项中，至少有一个答案是正确的，请在题目括号中填入正确答案）

1．属于计算机外设的是（　　）。

A．主板　　B．内存条　　C．显示器　　D．鼠标

2．CPU 由（　　）组成。

A．主内存　　B．控制器　　C．COMS RAM　　D．运算器

3．下列关于计算机硬件组成的说法中，（　　）是正确的。

A．主机和外设

B．运算器、控制器和 I/O 设备

C．CPU 和 I/O 设备

D．运算器、控制器、存储器、输入设备和输出设备

4．微型计算机存储系统中，PROM 是（　　）。

A．可读写存储器　　B．动态随机存取存储器

C．只读存储器　　D．可编程只读存储器

5．下列属于计算机外存储器的是（　　）。

A．硬盘　　B．U 盘　　C．内存　　D．光盘

6．下列关于打印机的描述中，（　　）是正确的。

A．喷墨打印机是非击打式打印机

B．激光打印机是用墨水来打印的

C．激光打印机只能打印单层纸

D．分辨率最高的打印机是针式打印机

7．CPU 配置高速缓冲存储器是为了解决（　　）。

A．CPU 每次读取的数据量小的问题

B．CPU 与外存之间速度不匹配问题

C．主内存与外辅存之间速度不匹配问题

D．CPU 与主内存之间速度不匹配问题

8．SRAM 是（　　）。

A．静态随机存储器　　B．静态只读存储器

C．动态随机存储器　　D．随机存储器

9．下列设备中，既可作为输入设备又可作为输出设备的是（　　）。

A．鼠标器　　B．耳麦　　C．打印机　　D．网卡

10．下面关于显示器的四条叙述中，正确的是（　　）。

A．显示器的分辨率与 CPU 的型号有关

B．显示器的分辨率为 1 024×768，表示屏幕每行能显示 1 024 个像素点，每列能显示 768 个像素点

C．显示卡是显示器连接主机的硬件装置

D．像素是显示屏上能独立赋予颜色和亮度的最小单位

11．CPU 不能直接访问的存储器是（　　）。

A．主内存　　B．U 盘　　C．硬盘　　D．光盘存储器

12．下列扩展名中，属于图形文件格式的是（　　）。

A．.mp3　　B．.jpg　　C．.bmp　　D．.gif

13．计算机可直接执行的指令在机器内部是以（　　）表示的，由这种指令构成的语言称为（　　），这是计算机能直接识别并执行的唯一语言。

A．二进制编码　　B．ASCII 码　　C．源代码　　D．机器语言

14．用高级语言编写的源程序，可以借助（　　）程序将此程序输入计算机，再借助（　　）程序将源程序“翻译”为程序，然后经过（　　）才能得到可执行程序，最后执行的是（　　）文件。

A．编译　　B．汇编　　C．链接　　D．编辑

E．源　　F．可执行　　G．目标　　H．解释

15．计算机的内存储器比外存储器（　　），内存储器又分为（　　）和（　　）；运行程序时，若内存容量不够，可通过（　　）来解决。

A．便宜　　B．存取时间快　　C．存储信息多　　D．直接

E．部分　　F．间接　　G．RAM　　H．软盘

j．光盘　　k．随机存储器　　L．ROM　　M．主存储器

N．CPU 的一部分　　O．外部设备　　P．外存储器

Q．增加内存条　　R．把软盘换为光盘

三、判断题（在题目后面的括号中正确的打“√”，错误的打“×”。）

1．只有硬件系统的计算机是无法运行的（　　）。

2．ROM 中存储的信息断电即消失（　　）。

3．计算机中能进行算术运算的部件是控制器。（　　）。

4．硬盘与主板的数据连接线就是主板的数据总线（　　）。

5．硬盘的存储介质是用半导体材料制作的（ ）。

6．CPU 是在硬盘上直接处理信息的（ ）。

7．DVD ROM 分只读型和可刻录型两种（ ）。

8．控制总线是用来传输控制指令的（ ）。

9．CPU 字长是指 CPU 所能同时处理的指令条数（ ）。

10．指令和数据在计算机内部都是以助记符的形式存储的（ ）。

11．Byte 的意思是二进制数位（ ）。

12．字节的单位是 bit（ ）。

13．存储器容量的基本单位是字节（ ）。

14．PCI E 16×插槽是用来插内存条的（ ）。

15．CPU 的核心频率与主板的频率一样（ ）。

16．汇编语言和机器语言都属于低级语言，用它们编写的程序都能被计算机直接识别执行（ ）。

17．数据库管理信息系统属于应用软件（ ）。

18．由于多媒体信息量巨大，为方便保存，计算机中的多媒体信息都要经过压缩（ ）。

19．mp3 是视频文件的格式（ ）。

20．Mpeg4 是一种非压缩格式的视频文件（ ）。

四、填空题（在横线上填上正确的答案）

1．微型计算机的硬件可分为________与________两大部分。

2．计算机系统包括硬件系统和________两大部分。

3．只含有硬件系统的计算机称为________。

4．总线可分为数据总线、控制总线和________三类。

5．主板芯片组中，主桥指的是________。

6．CPU 中的 ALU 的意思是________。

7．假如 CPU 有 16 条地址线，那么它的最大寻址范围是________。

8．L1 Cache 的意思是________。

9．计算机字长的单位是________。

10．常用的主要外辅存有________。

11．计算机中的地址即为存储单元的编号。要表示一个首地址为 1000H，容量为 32KB 的存储区域，则其末地址应为________H。

12．设有 3K 个存储地址，那么使用十六进制地址的范围是 000H 到________H。

13．对于一个 2KB 的存储空间，其地址可以是 000H 到________H。

14．LCD 的意思是________显示器。

15．DVD+RW 光盘的意思是________。

16．汇编语言是用________来编写程序的。

17．用________语言编写的程序更接近于人们的思维习惯，使程序更易阅读和理解。

18．最重要的系统软件是________。

19．目前多媒体常用的压缩编码方法分为两类________和________。

20．.gif 是一种________文件的格式。

第三章 Windows XP 操作系统

一、单选题（本大题每小题只有一个答案是正确的，请在括号中填入正确的答案。）

1．在下列有关回收站的说法中，正确的是（ ）。

A．扔进回收站中的文件，仍可再恢复

B．无法恢复进入回收站的单个文件

C．无法恢复进入回收站的多个文件

D．如果删除的是文件夹，“回收站”窗口只显示该文件夹名

2．删除不再使用的 Windows XP 组件的正确做法是（ ）。

A．删除“开始”菜单中相关的快捷方式

B．找到该组件的程序并删除

C．删除 Windows XP 文件夹

D．执行“控制面板”中的“添加/删除程序”

3．在 Windows XP 中，下列操作（ ）一定可使窗口最大化。

A．用鼠标左键拖动窗口边框　　B．用鼠标左键单击最大化按钮

C．用鼠标左键拖动窗口标题栏　　D．用鼠标左键双击窗口任何地方

4．在 Windows XP 的菜单命令后若跟有“…”，则表示（ ）。

A．单击后将有一个对话框出现　　B．该命令处于设定状态

C．该命令处于运行中　　D．单击后将有一个下级菜单出现

5．在 Windows XP 的双击“控制面板”中的（ ）图标，可以设置屏幕保护。

A．口令　　B．显示　　C．辅助选项　　D．系统

6．在 Windows XP 中，下列说法中正确的是（ ）。

A．删除了快捷方式图标，则对应的应用程序也被删除

B．删除了应用程序，则对应的快捷方式图标也被删除

C．删除了快捷方式图标，并不会删除对应的应用程序

D．删除了应用程序，则对应的快捷方式图标仍可运行

7．在 Windows XP 的资源管理器左边的树格窗口中，有的文件夹左端有“-”号

是因为（　　）。

A．它的下一级子文件夹已显示　　B．它的下级子文件夹都已显示

C．它的下一级子文件夹未显示　　D．它只含有文件不含有文件夹

8．Windows XP 中，桌面指的是（　　）。

A．已打开的窗口　　B．控制面板中的一部分

C．剪贴板的另一种称呼　　D．整个屏幕

9．Windows XP 中，桌面除了可以设置图案外，还可以用一幅画来装饰，它叫做（　　）。

A．剪贴画　　B．图案　　C．墙纸　　D．屏幕保护

10．Windows XP 中，将文件移入“回收站”意味着（　　）。

A．文件真正被删除，不能恢复

B．文件没有真正被删除，仍然可用

C．文件没有真正被删除，但不能用

D．文件真正被删除，但能恢复

11．资源管理器中，可将选中的文件或文件夹复制到同一磁盘的不同文件夹中的操作是（　　）。

A．按住 Shift 键拖动到目的位置　　B．按住 Ctrl 键拖动到目的位置

C．直接拖动到目的位置　　D．按住 Alt 键拖动到目的位置

12．Windows XP 的回收站是（　　）。

A．内存中的一块区域　　B．硬盘中的一块区域

C．ROM 中的一块区域　　D．CPU 中的一块区域

13．下列关于 Windows XP 文档窗口的叙述中，不正确的是（　　）。

A．文档窗口最大化后将布满整个屏幕

B．文档窗口最小化后将缩成一个按钮

C．文档窗口包在应用程序窗口内

D．文档窗口没有菜单栏

14．下列关于 Windows XP 窗口的叙述中，正确的是（　　）。

A．任何窗口最大化后将布满整个屏幕

B．任何窗口都可以改变大小

C．任何窗口都有滚动条

D．任何窗口都有标题栏

15．在 Windows XP 若要把整个桌面的图像复制到剪贴板，可按（　　）。

A．Alt+print scrn 键　　B．Ctrl+print scrn 键

C．F1 键　　D．Shift +print scrn 键

16．资源管理器中，要选定连续排列的若干文件，选定了第一个文件后（　　）。

A．单击最后一个文件

B．按住键 Shift，单击最后一个文件

C．按住键 Ctrl，单击最后一个文件

D．按住键 Alt，单击最后一个文件

17．在 Windows XP 中，不能在任务栏上进行的操作是（　　）。

A．设置系统时钟和时间　　B．排列桌面图标

C．排列和切换窗口　　D．切换输入法

18．在 Windows XP 的“回收站”中存放的是（　　）。

A．软盘上被删除的文件或文件夹

B．硬盘上被删除的文件或文件夹

C．外存上被删除的文件或文件夹

D．硬盘或软盘上被删除的文件或文件夹

19．在 Windows XP 的“开始”菜单的文档子菜单中显示的是（　　）。

A．最近建立的文档　　B．最近修改过的文档

C．最近打开过的文档　　D．最近运行过的文档

20．启动 Windows XP 的意义是（　　）。

A．让硬盘中的 Windows XP 处于工作状态

B．把光盘中的 Windows XP 2000 装入 C 盘

C．把硬盘中的 Windows XP 装入内存运行

D．打开计算机电源开关

21．在 Windows XP 的应用程序中，经常有一些菜单命令呈浅灰色，这表明（　　）。

A．这些项在当前无效　　B．系统发生故障

C．这些命令已经执行　　D．应用程序安装不全

22．在 Windows XP 中，文件的属性有四种，下列不属于文件属性的是（　　）。

A．读写　　B．存档　　C．隐藏　　D．只读

23．在 Windows XP 系统中，桌面上的任务栏（　　）。

A．只能固定在桌面的底部

B．只可以在桌面上移动位置

C．可以改变大小，不能在桌面上移动位置

D．既可以移动位置，也可以改变大小

24．Windows XP 系统中，中英文输入法之间的切换使用（　　）键。

A．Alt + Shift　　B．Ctrl + Space　　C．Ctrl + Shif　　D．Enter

25．在 Windows XP 系统中，在“智能 ABC 输入法”的输入法工具栏，使用软键盘应该用鼠标左键单击（　　）。

A．中英文标点符号切换按钮　　B．各种输入法切换按钮

C．中英文输入法切换按钮　　D．软键盘

26．在 Windows XP 的窗口已经达到最大化，其窗口的控制菜单中的“移动”和

“大小”选项是（ ）。

A．黑色的 B．灰色的 C．不存在的 D．可以执行的

27．Windows XP 系统的对话框（ ）。

A．标题栏上有控制菜单按钮 B．有状态栏

C．标题栏上有最大化按钮 D．有命令按钮

28．当一个应用程序窗口最小化而不在桌面上显示的时候，该应用程序（ ）。

A．在后台运行 B．暂停运行

C．继续在前台运行 D．终止运行

29．要想在 Windows XP 的窗口中显示工具栏，应在窗口的“查看”菜单的“工具栏”命令的子命令中选择（ ）。

A．地址栏 B．自定义 C．标准按钮 D．链接

30．在 Windows XP 中不能运行一个应用程序的操作是（ ）。

A．在“资源管理器”中选择该应用程序

B．左键双击桌面上该应用程序的快捷方式图标

C．在“开始”菜单的“运行”命令

D．利用“开始”菜单的“运行”命令

31．在 Windows XP 系统中，非法的文件名是（ ）。

A．试题.DOC B．ST.DOC C．试题*.DOC D．ST#.DOC

32．在 Windows XP 系统的文件夹窗口，选择不连续的一组文件，要用到键盘的（ ）键。

A．Ctrl B．Shift C．Enter D．Space

33．在 Windows XP 的“资源管理器”中，当源文件与目标文件夹在不同驱动器，用鼠标器拖曳的方法移动文件时，在拖动的同时，应按住（ ）键。

A．Ctrl B．Shift C．Alt D．Space

34．在 Windows XP 资源管理器窗口中，要查看一个文件的属性，应利用（ ）。

A．查看 B．编辑 C．文件 D．运行

35．在“回收站”窗口中选择了某个对象后，执行“文件”菜单的“删除”命令，则该对象将（ ）。

A．被放在桌面上 B．被放在“我的文档”文件夹下

C．被恢复到原来位置 D．被彻底删除

36．利用“控制面板”打开“添加删除程序”窗口，以下（ ）不是添加/删除程序的功能。

A．更改或删除程序 B．添加/删除程序 Windows 组件

C．添加新程序 D．创建启动盘

37．利用“显示”属性对话框中的选项卡，对桌面的颜色进行设置，应选择（ ）。

A．“背景”选项卡 B．“屏幕保护程序”选项卡

C．“桌面”选项卡　　D．“外观”选卡

38．如果要对日期和时间格式进行设置，应在“控制面板”窗口，选（　　）图标，进行更改。

A．区域和语言选项　　B．日期和时间

C．系统　　D．多媒体

39．在独立计算机上，不可能有的计算机账户是（　　）。

A．计算机管理员账户　　B．来宾账户

C．程序员账户　　D．受制账户

40．为了适应左手习惯用户的需要，可以利用（　　）中的应用程序切换鼠标的左、右键功能。

A．回收站　　B．控制面板　　C．剪贴板　　D．网上邻居

41．在画图窗口，如果要将一个图形进行扭曲操作，应使用（　　）菜单。

A．编辑　　B．查看　　C．图像　　D．颜色

42．利用计算器进行计算时，如果要计算一个角的三角函数值，应切换到计算器的（　　）。

A．标准　　B．科学　　C．函数　　D．三角函数

43．要把整个屏幕画面放入剪贴板，应按（　　）键。

A．Ctrl　　B．Shift

C．Print Screen　　D．Alt + Print Screen

44．在 Windows XP 中，为了弹出“显示属性”对话框以进行显示器的设置，下列操作中正确的是（　　）。

A．用鼠标右键单击“任务栏”空白处，在弹出的快捷菜单中选择“属性”项

B．用鼠标右键单击桌面空白处，在弹出的快捷菜单中选择“属性”项

C．用鼠标右键单击“我的电脑”窗口空白处，在弹出的快捷菜单中选择“属性”项

D．用鼠标右键单击“资源管理器”窗口空白处，在弹出的快捷菜单中选择“属性”项

45．在 Windows XP 中有两个管理系统资源的程序组，它们是（　　）。

A．“我的电脑”和“控制面板”　　B．“资源管理器”和“控制面板”

C．“我的电脑”和“资源管理器”　　D．“控制面板”和“开始”菜单

46．在中文 Windows XP 中，使用软键盘可以快速地输入各种特殊符号，为了撤消弹出的软键盘，正确的操作为（　　）。

A．用鼠标左键单击软键盘上的 Esc 键

B．用鼠标右键单击软键盘上的 Esc 键

C．用鼠标右键单击中文输入法状态窗口中的“开启/关闭软键盘”按钮

D．用鼠标左键单击中文输入法状态窗口中的“开启/关闭软键盘”按钮

47．在 Windows XP 的“回收站”中，存放的（　　）。

A．只能是硬盘上被删除的文件或文件夹

B．只能是软盘上被删除的文件或文件夹

C．可以是硬盘或软盘上被删除的文件或文件夹

D．可以是所有外存储器中被删除的文件或文件夹

48．在 Windows XP“开始”菜单下的“文档”菜单中存放的是（　　）。

A．最近建立的文档　　B．最近打开过的文件夹

C．最近打开过的文档　　D．最近运行过的程序

49．下列不可能出现在 Windows XP“资源管理器”窗口左部的选项是（　　）。

A．我的电脑　　B．桌面　　C．（C:）　　D．资源管理器

50．在 Windows XP 中，能弹出对话框的操作是（　　）。

A．选择了带省略号的菜单项

B．选择了带向右三角形箭头的菜单项

C．选择了颜色变灰的菜单项

D．运行了与对话框对应的应用程序

51．在 Windows XP 中，打开“资源管理器”窗口后，要改变文件或文件夹的显示方式，应选用（　　）。

A.“文件”菜单　　B.“编辑”菜单

C.“查看”菜单　　D.“格式”菜单

52．下列程序不属于附件的是（　　）。

A．计算器　　B．记事本　　C．网上邻居　　D．画笔

53．Windows XP 默认的启动方式是（　　）。

A．安全方式　　B．通常方式

C．具有网络支持的安全方式　　D．MS-DOS 方式

54．关于“开始”菜单，说法正确的是（　　）。

A.“开始”菜单的内容是固定不变的

B．可以在“开始”菜单的“程序”中添加应用程序，但不可以在“程序”菜单中添加

C.“开始”菜单和“程序”里面都可以添加应用程序

D．以上说法都不正确

55．Windows XP 典型安装所需硬盘容量为（　　）。

A．600 MB　　B．35 MB　　C．100 MB　　D．195 MB

56．在 Windows XP 中，当程序因某种原因陷入死循环，下列哪一个方法能较好地结束该程序（　　）。

A．按 Ctrl+Alt+Del 键，然后选择“结束任务”结束该程序的运行

B．按 Ctrl+Del 键，然后选择“结束任务”结束该程序的运行

C．按 Alt+Del 键，然后选择“结束任务”结束该程序的运行

D．直接 Reset 计算机结束该程序的运行

57．当系统硬件发生故障或更换硬件设备时，为了避免系统意外崩溃应采用的启动方式为（　　）。

A．通常模式　　B．登录模式　　C．安全模式　D．命令提示模式

58．Windows XP 中文输入法的安装按以下步骤进行（　　）。

A．按“开始”→“设置”→“控制面板”→“输入法”→“添加”的顺序操作

B．按“开始”→“设置”→“控制面板”→“字体”的顺序操作

C．按“开始”→“设置”→“控制面板”→“系统”的顺序操作

D．按“开始”→“设置”→“控制面板”→“添加/删除程序”的顺序操作

59．“我的电脑”图标始终出现在桌面上，不属于“我的电脑”的内容有（　　）。

A．驱动器　　B．我的文档　　C．控制面板　　D．打印机

60．关于 Windows XP 的说法，正确的是（　　）。

A．Windows XP 是迄今为止使用最广泛的应用软件

B．使用 Windows XP 时，必须要有 Ms-Dos 的支持

C．Windows XP 是一种图形用户界面操作系统，是系统操作平台

D．以上说法都不正确

61．Windows XP 能动态管理的内存空间最大为（　　）。

A．640 KB　　　　B．4 GB

C．1 MB　　　　D．由硬盘可用空间决定

62．为获得 Windows XP 帮助，必须通过下列途径（　　）。

A．在“开始”菜单中运行“帮助”命令

B．选择桌面并按 F1 键

C．在使用应用程序过程中按 F1 键

D．A 和 B 都对

63．图标是 Windows XP 操作系统中的一个重要概念，它表示 Windows XP 的对象。它可以指（　　）。

A．文档或文件夹　　　　B．应用程序

C．设备或其他的计算机　　　　D．以上都正确

64．下面关于 Windows XP 的窗口叙述中错误的是（　　）。

A．打开的多个窗口既可平铺也可层叠

B．最小化窗口是将窗口缩小为任务栏的一个图标

C．在任务栏上只有活动窗口图标

D．“关闭”按钮用来终止当前程序的运行，撤消窗口

65．下列关于“快捷方式”的说法中，错误的是（　　）。

A．可以使用快捷方式作为打开程序的捷径

B．快捷方式的图标可以更改

C．可以在桌面上创建打印机的快捷方式

D．无法给文件夹创建快捷方式

66．在资源管理器窗口中正确选定多个文件和文件夹的操作是（　　）。

A．按住 Alt 键，然后单击要选用的每个文件或文件夹

B．要选定窗口中的所有文件和文件夹，按 Ctrl+Alt 键即可

C．要选定一组相邻的文件，拖动鼠标，将要选定的文件包含在一个矩形框内

D．按 F4 键可将窗口中所有文件选定

67．如果使用鼠标拖动的方法在同一个磁盘的不同文件夹中复制文件，拖动时应按住哪个键（　　）。

A．Shift　　B．Ctrl　　C．Ctrl+Shift　　D．Ctrl+Alt

68．有关创建文件夹的正确说法是（　　）。

A．不能在桌面上创建文件夹

B．无法在软盘中创建文件夹

C．在文件的“另存为”对话框中也可创建文件夹

D．无法在资源管理器的浏览窗口中新建文件夹

69．在资源管理器中若要实现对选定文件的移动操作，应选择“编辑”菜单中的（　　）命令实现。

A．复制+粘贴　　B．移动+复制

C．剪切+复制　　D．剪切+粘贴

70．资源管理器窗口的左窗口主要用来显示（　　）。

A．磁盘驱动器和文件夹树　　B．磁盘驱动器和文件名

C．文件夹树和文件名　　D．磁盘驱动器文件夹树和文件名

71．有关 Windows XP 中图标的说法，错误的是（　　）。

A．图标可以是一个应用程序也可以是一个普通文件或文件夹

B．图标可以重新排列，也可以移动

C．桌面上的图标有些可以被删除有些不能被删除

D．当一个快捷图标被删除后，对应的应用程序和文件也随之被删除

72．在 Windows XP 中，屏幕上可能同时出现多个窗口，当前活动窗口的特征是（　　）。

A．标题栏的颜色与众不同　　B．窗口的尺寸大小与众不同

C．在屏幕位置与众不同　　D．标题栏上有无“活动”两个字

73．在资源管理器中选择一种不连续文件的操作是：按住（ ）键，同时单击每个要选择的文件。

A．Alt　　B．Tab　　C．Ctrl　　D．Shift

74．在 Windows XP 中，要改变窗口的位置和大小，需使用鼠标的（ ）操作。

A．拖拉　　B．单击　　C．右击　　D．双击

75．在 Windows XP 中，使用（ ）图标，通常会打开一个窗口。

A．拖拉　　B．单击　　C．右击　　D．双击

二、多选题（本大题每小题所给的选项中，至少有一个答案是正确的，请在题目括号中填入正确答案）

1．有关当前活动窗口的说法，正确的是（ ）。

A．后打开的窗口为当前窗口

B．当前窗口标题栏的颜色为反白状态

C．当前窗口的位置、大小可以改变，但不能被关闭

D．在打开的多个窗口中，当前窗口只能有一个

E．当前窗口可以是应用程序、文档窗口或对话框

2．窗口的主要操作有（ ）。

A．打开与关闭　　B．最大化与还原

C．放大与缩小　　D．移动与切换

E．缩为图标与还原

3．以下关于对话框的说法中，不正确的是（ ）。

A．对话框是一个窗口

B．对话框可以被移动，也可以被关闭

C．对话框可以被最大化或最小化

D．对话框可以放大，也可以缩小

E．对话框通常没有菜单栏

4．有关图标的说法，正确的是（ ）。

A．图标可以是一个应用的程序，也可以是一个普通文件

B．图表可以被排列，也可以被移动

C．双击图标，可以激活图标使其展开为一个窗口

D．有些图标可以被删除，但有些图标不能被删除

E．图标左下角带有一个小箭头的图标是系统产生的图标

5．下列关于“开始”按钮的正确说法有（ ）。

A．使用“开始”按钮可以快速启动程序、查找文件和获得帮助

B．“开始”按钮位于任务栏上

C．“开始”按钮可以删除

D．“开始”按钮可以自动隐藏

E．“开始”按钮的位置和大小不能改变

6．切换同时打开的几个程序窗口的操作方法有（　　）。

A．单击任务栏上的程序图标

B．按 Alt+Tab 组合键　　C．按 Alt+Esc 组合键

D．按 Shift+Tab 组合键　　E．按 Ctrl+Esc 组合键

7．在“任务栏属性”对话框中，“开始菜单程序”选项卡中可以设置的项目有（　　）。

A．自定义“开始”菜单　　B．自定义桌面背景

C．清除“文档”菜单的内容　　D．清除“回收站”

E．自定义经典“开始”菜单

8．Windows XP 中可以隐藏的文件有（　　）。

A．程序文件　　B．系统文件

C．可执行文件　　D．文档　　E．只读文件

9．有关“资源管理器”的正确说法有（　　）。

A．在“资源管理器”窗口中可以格式化软盘

B．在“资源管理器”窗口中可以删除文件

C．在“资源管理器”窗口中可以添加汉字输入法

D．在“资源管理器”窗口中可以创建快捷方式

E．在“资源管理器”窗口中可以编辑文稿

10．安装应用程序的途径有（　　）。

A．在“资源管理器”中进行

B．在“我的电脑”中进行

C．“开始”菜单中的“运行”命令

D．“控制面板”中的“添加/删除程序”

E．“开始”菜单中的“所有程序”命令，选择相应的安装程序

11．Windows XP 中的“打印机”命令可以（　　）。

A．改变打印机的属性　　B．可以打印屏幕信息

C．清除打印作业　　D．添加新的打印机

E．添加新的打印作业

三、判断题（在题目后面的括号中对的打“√”，错的打“×”。）

1．在多用户使用的情况下，每个用户可以有不同的桌面背景。（　　）

2．任务栏是固定在桌面底部的，永远不能移动。（　　）

3．在 Windows XP 中，无法在桌面上显示“我的电脑”、“我的文档”图标。（　　）

4．对于 Windows XP 的一个已打开的菜单，用鼠标单击其菜单名，则关闭

该菜单。（　　）

5．Windows XP 的应用程序窗口与文档窗口的最大区别是后者不含菜单栏。（　　）

6．单击“快速启动”工具栏中的“显示桌面”图标，就能把所有打开着的窗口最小化。（　　）

7．通过 Windows 任务管理器的关机菜单，用户可以直接实现休眠、关闭、重新启动、注销和切换用户的操作。（　　）

8．语言栏可以浮动显示在屏幕上，也可以显示在任务栏上。（　　）

9．在 Windows XP 中，删除桌面上的快捷方式，它所指向的项目同时也被删除。（　　）

10．Windows XP 桌面上的“回收站”用来存放被删除的文件，无论文件有多大，将其删除后都会放到“回收站”里。（　　）

11．Windows XP 的系统文件默认情况下是隐藏起来的，不应该删除这样的文件。（　　）

12．打开“我的文档”后，文件显示成很大的图标，这种显示方式是不能改变的。（　　）

13．要想在某个具体文件夹内寻找某个文件，可以右击这个文件夹，从出现的快捷菜单中选　择“搜索”，这样，在打开的“搜索结果”窗口的“搜索助理”窗格里，会自动把“在这里寻找”框中的位置指定为当前所选的文件夹。（　　）

14．在 Windows XP 中，一个文件只能由一种程序打开。（　　）

15．在 Windows XP 中，欲打开最近使用的文档，可以单击“开始”按钮，然后指向“文档”。（　　）

16．在 Windows XP 的“资源管理器”中不能查看磁盘的剩余空间。（　　）

17．在 Windows XP 中，查看盘中文件夹的分层结构可以使用“资源管理器”。（　　）

18．要查看电脑中已经安装的硬件，可以使用 Windows XP 中的“设备管理器”。（　　）

19．Windows XP 具有“系统还原”功能，可以将系统还原到任意一个系统检查点的状态。（　　）

20．关闭无法响应的程序的一种方法是按下 Ctrl+Alt+Del 组合键，从出现的“任务管理器”窗口中结束任务。（　　）

21．Windows XP 回收站中的文件不占用硬盘空间。（　　）

22．如果屏幕保护程序设置了密码保护，输入的密码是用户名。（　　）

23．在默认情况下，双击一个纯文本文件将会在“记事本”程序中打开它。（　　）

24．Print Screen 与 Alt+Print Screen 命令都是把当前屏幕的内容送到剪贴板上。

（　　）

四、填空题（在横线上填上正确答案）

1．窗口可分为三类：________、________、________。

2．在中文版 Windows XP 中，多个窗口要求全部处于全显示状态的排列方式有________、________、________。

3．文件或文件夹的属性有________、________、________。

4．用户完成对窗口的操作后，在关闭窗口时有下面几种方式：________、________、________、________、________。

5．窗口缩小后，以按钮的形式显示在________。

6．移动与复制的区别于________。

7．在中文版 Windows XP 中，当用户需要使用 DOS 时，可以在桌面上单击“开始”按钮，选择________命令，即可启动 DOS。

8．在 Windows XP 中，有多个打开的窗口时，只有一个是________。

9．在 Windows XP 中查找文件或文件夹可以使用“资源管理器”中的“搜索”功能，也可以使用“开始”菜单中的________命令。

10．Windows XP 中的路径由________组成。

11．如果 Windows XP 桌面上开启了许多窗口，当需要激活某个被其他窗口覆盖着的窗口，可用鼠标单击________来达到目的，即把所需窗口放到最前面。

12．在 Windows XP 环境下正常关机，应先运行________菜单下的________命令，再关电源。

13．在 Windows XP 环境下，用查看“详细信息”方式排列的文件目录，可以获得相对较多的文件信息。这些信息除了文件名、图标和修改的日期及时间，还包括________和________。

14．在 Windows XP 环境中，剪贴板的功能是剪切、复制或粘贴信息，只要在 Windows 界面，剪贴板一直处于________状态；使用剪贴板的方法是在选择了欲复制或剪贴的信息后，使用________菜单中的“复制”或“剪切”命令。若要把当前的活动窗口复制到剪贴板上，只要按键盘上的________键即可。

15．在操作 Windows XP 窗口中的“最大化”按钮时，当前窗口放大至最大尺寸，该按钮由一个正方形变为两个上下正方形，该按钮称为________按钮，若点击此按钮，则窗口________。

16．在 Windows XP 中，要建立一个指向 C:\XYZ 文件夹下 test.exe 文件的快捷方式，并取名为“测试”，当采用“创建快捷方式”对话框来建立时，应在“命令行”处填上________，在“选择快捷方式的名称”处填上________。

17．Windows XP 中要自动隐藏任务栏，可以在任务栏属性对话框中选中________复选框。

18. 对局域网中的计算机，Windows XP 通过________可以访问网中其他计算机中的信息。

19. Windows XP 的菜单中，某些命令项的右边有一个三角形的标记，则表明________。

20. 在 Windows XP 中，应用程序菜单中的命令项后面若带有“…”，表示选择该命令后，会出现一个________。

21. Windows XP 的“画图”程序的颜料盒是用来选取绘图的颜色的，要选取前景色，选中颜色后用鼠标________键单击；选取背景色，选中颜色后用鼠标________键单击。

22. 在 Windows XP 中，当打开应用程序或文档后，会在________上显示出它们的按钮，操作者可以单击这些按钮实现应用程序之间的切换。

23. Windows XP 有 5 种查看方式，它们分别是________、________、________、________、________。

24. 进行设备音量的控制时，要使某项不发出声音可以设置________。

25. 当选择________后，窗口回到被改变前的尺寸。

26. 在 Windows XP 中，要浏览本地计算机所有资源，可以使用我的电脑或________。

27. 若从资源管理器中拖出一个文件放到回收站图标上，将________。

28. ________是指不按鼠标键的情况下移动鼠标指针到预期位置。

29. 在 Windows 中，将选中的对象移入剪切板可用________快捷键，粘贴可用________快捷键。

30. 将当前屏幕上的整个画面送入剪切板，应按________键。

第四章　中文 Word 2003

一、单选题（本大题每小题只有一个答案是正确的，请在括号中填入正确的答案。）

1. 在 Word 2003 中，切换“插入”和“改写”编辑状态，可以按（　　）键。

    A. Enter　　B. Insert　　C. Delete　　D. Backspace

2. 如果需要将 Word 2003 文档中的一段文字设置为“黑体”，则应该先（　　）。

    A. 在“格式”工具栏上的“字体”下拉列表中，选择“黑体”

    B. 单击“格式”工具栏上的“加粗”按钮

    C. 利用“格式”工具栏上的“字体颜色”按钮，将文字颜色设为黑色

    D. 选定这些文字

3. 下面关于 Word 2003 文档中“分栏”的说法，不正确的是（　　）。

A．可以对某一段文字进行分栏

B．选择“格式|分栏”菜单命令，可以实现分栏操作

C．在“分栏”对话框中，可以设置各栏的“宽度”、“间距”

D．只能对整篇文档进行分栏

4．在 Word 2003 中，(　　) 的作用是决定在屏幕上显示文本内容。

A．滚动条　　B．控制框　　C．标尺　　D．最大化按钮

5．下列关于艺术字的说法，不正确的是（　　）。

A．艺术字可以改变形状　　B．艺术字可以自由旋转

C．艺术字是文字对象　　D．艺术字是图形对象

6．下列有关组合的说法，正确的是（　　）。

A．组合后的图形对象不能再进行修改

B．组合后的图形对象可以直接进行修改

C．多个图形对象组合后将成为一个整体

D．以上说法都不正确

7．在制作节日贺卡时，需要在贺卡周围绘制一圈装饰图案，可以在“边框和底纹”对话框中的（　　）选项中进行设置。

A．边框　　B．页面设置　　C．底纹　　D．颜色和线条

8．在制作电子板报过程中需要随意移动插入的图片，但不影响文字的排版，此时可以将图片的环绕方式设置为（　　）。

A．嵌入型　　B．四周型

C．浮动文字上方　　D．衬于文字下方

9．编辑文档时，当前光标所在位置的前面字体是宋体，后面的字体是隶书，再在光标处输入文字时，其字体是（　　）。

A．宋体

B．隶书

C．取决于最近一次输入的字体

D．取决于光标最近一次停留处的字体

10．在同一篇文档中，如何用拖动法复制文本（　　）。

A．同时按住 CTRL　　B．同时按住 SHIFT

C．按住 ALT　　D．不需要其他操作，直接拖动

11．如果设置精确的缩进量，应该使用哪种方式（　　）。

A．标尺　　B．样式　　C．段落格式　　D．页面设置

12．下列选项中，不能关闭 Word 2003 的是（　　）。

A．双击标题栏左边的“W”　　B．单击标题栏右边的“×”

C．单击“文件”菜单中的“关闭”　D．单击“文件”菜单中的“退出”

13．在 Word 的编辑状态中，如果要输入希腊字母 Ω，则需要使用的菜单是(　　)。

A. 编辑　　B. 插入　　C. 格式　　D. 工具

14. 以下用鼠标选定的方法，正确的是（　　）。

A. 若要选定一个段落，则把鼠标放在该段落上，连续击三下

B. 若要选定一篇文档，则把鼠标指针放在选定区，双击

C. 选定一列时，CTRL+鼠标指针移动

D. 选定一列时，把鼠标指针放在该行中，双击

15. 在输入法之间切换，以下方法中错误的是（　　）。

A. 单击任务栏上的“EN”，从下拉式菜单中选择其他输入法

B. CTRL+SHIFT　　C. CTRL+空格键

D. ALT+W

16. 关于打印预览，下列说法中错误的是（　　）。

A. 可以进行页面设置　　B. 可以利用标尺调整页边距

C. 只能显示一页　　D. 不可以直接制表

17. 在工具栏中没有“打开”、“保存”等快捷按钮，应在（　　）菜单下设置。

A. 视图　　B. 插入　　C. 格式　　D. 工具

18. 如果在一篇文档中，所有的“大纲”二字都被录入员误输为“大刚”，最快捷地改正的方法是（　　）。

A. 用“定位”命令

B. 用“撤消”和“恢复”命令

C. 用“编辑”菜单中的“替换”命令

D. 用插入光标逐字查找，分别改正

19. 关于插入表格命令，下面说法中错误的是（　　）。

A. 插入表格只能是 2 行 3 列

B. 插入表格能够套用格式

C. 插入表格不能调整列宽

D. 插入表格可自定义表格的行，列数

20. 将一页从中间分成两页，正确的操作是（　　）。

A.“格式”菜单中的“字体”　　B.“插入”菜单中的“页码”

C.“插入”菜单中的“分隔符”　　D.“插入”菜单中的“自动图文集”

21. 若完全清除文本中的底纹效果，应单击“格式”菜单中”边框与底纹”，再单击”底纹”选项页，然后选择（　　）。

A.“填充”下的“清除”项

B.“图案”下的“式样”项

C.“填充”先选“无”与“图案”下的“式样”中选“清除”

D.“图案”下的“颜色”项选“无”

22. 可以显示页眉与页脚的视图方式是（　　）。

A. 普通视图　　B. 页面视图　　C. 大纲视图　　D. 全屏幕视图

23. 在”打印”对话框中“页面范围”下的“当前页”项是指（　　）。

A. 当前光标所在页　　B. 当前窗口显示的页

C. 第一页　　D. 最后一页

24.“减少缩进量”和“增加缩进量”调整的是段落的（　　）。

A. 左缩进　　B. 右缩进　　C. 段落左缩进　　D. 所有缩进

25. 在 Word 2003 中，关于表格自动套用格式的用法，以下说法正确的是（　　）。

A. 只能直接用自动套用格式生成表格

B. 可在生成新表时使用自动套用格式或插入表格的基础上使用自动套用格式

C. 每种自动套用的格式已经固定，不能对其进行任何形式的更改

D. 在套用一种格式后，不能再更改为其他格式

26.“三维效果”在哪个工具栏中（　　）。

A. 常用　　B. 格式　　C. 绘图　　D. 图片

27. 在普通视图下，多栏文本将显示为（　　）。

A. 较窄的一栏　　B. 保持多栏　　C. 普通一栏　　D. 不显示内容

28. 项目编号的作用是（　　）。

A. 为每个标题编号　　B. 为每个自然段编号

C. 为每行编号　　D. A、B、C 都正确

29. 在文档一页页面底端插入注释，应该插入哪一种注释（　　）。

A. 脚注　　B. 尾注　　C. 题注　　D. 批注

30. 怎样插入图片可以增强 Word 2003 对图形的处理的功能（　　）。

A. 插入剪贴画　　B. 插入图文件

C. 利用剪板插入图片　　D. 插入图片对象

31. 当剪贴板中的内容多于一项时，使用快捷键 Ctr+V 粘贴，则所粘贴的内容是（　　）。

A. 第一次放在剪贴板上的内容　　B. 最后一次放在剪贴板上的内容

C. 全部粘贴　　D. 任意一次的内容

32. 若将文档当前位置移动到该文档顶行，正确的操作是按（　　）键。

A. Home　　B. Ctrl+Home

C. Shift+Home　　D. Ctrl+Shift+Home

33. 在 Word 的编辑状态，当前编辑的文档是 C 盘中的 d1.doc 文档，要将该文档拷贝到软盘，应当使用（　　）。

A.“文件”菜单中的“另存为”命令

B.“文件”菜单中的“保存”命令

C.“文件”菜单中的“新建”命令

D．“插入”菜单中的命令

34．剪切命令是指（　　）。

A．删除所选定的文字和图形

B．删除所选定的文字和图形并将其复制到剪切板上

C．不删除所选定的文字和图形，只把它放置到剪切板上

D．等同于撤消

35．在 Word 2003 的编辑状态，当前正编辑一个新建文档“文档 1”，当执行“文件”菜单中的“保存”命令后（　　）。

A．该“文档 1”被存盘

B．弹出“另存为”对话框，供进一步操作

C．自动以“文档 1”为名存盘

D．不能以“文档 1”存盘

36．使用（　　）菜单中的标尺命令，可以显示隐藏标尺。

A．视图　　B．格式　　C．工具　　D．窗口

37．在 Word 2003 的编辑状态，当前编辑文档中的字体全是宋体字，选择了一段文字使之成反显状，先设定了楷体，又设定了仿宋体，则（　　）。

A．文档全文都是楷体　　B．被选择的内容仍为宋体

C．被选择的内容变为仿宋体　　D．文档的全部文字的字体不变

38．在文件菜单下，选取“打印”命令之后，下列叙述正确的是（　　）。

A．打印完毕，才可以切换到其他窗口操作

B．可以立即切换到其他窗口，执行任何操作

C．可以立即切换到其他窗口，但打印未结束时，不可按打印按钮

D．打印结束之前，不能关闭打印窗口

39．对于“拆分表格”，正确的说法是（　　）。

A．只能将表格拆分为左右两部分　　B．只能将表格拆分为上下两部分

C．可以自己设定拆分的行列数　　D．只能将表格拆分成列

40．“字数统计”包含在哪个菜单中（　　）。

A．视图　　B．插入　　C．格式　　D．工具

41．下列有关表格的文本格式叙述中错误的是（　　）。

A．可以使用格式工具栏中的“居中”图标

B．可以使用格式菜单中的字体命令

C．可以改变字间距

D．不可以应用右对齐图标

42．删除一个表格中的某一个单元格，并使其右侧单元格左移，应先将插入点置于该格内，然后（　　）。

A．按 Delete 键

B．单击“表格”菜单中的“删除表格”命令

C．单击“表格”菜单中的“删除单元格”命令

D．单击“表格”菜单中的“拆分单元格”命令

43．选中文本，并使用快捷键 CTRL+B 之后，该文本字体（　　）。

A．变成上标　　B．加下划线　　C．变成斜体　　D．变成粗体

44．下列叙述中，不正确是（　　）。

A．Word 2003 可以将打开的窗口全部显示在屏幕上

B．Word 2003 可以将同一个文档显示在不同的窗口中

C．光标可以在窗口中闪烁

D．执行“窗口”菜单中的“新建窗口”命令，可以打开与当前窗口的文档不同的另一个文档窗口

45．在 Word 中，当多个文档打开时，关于保存这些文档的说法中正确的是（　　）。

A．只能保存活动文档

B．用“文件”菜单的“保存”命令，可以重命名保存所有文档

C．用“文件”菜单的“保存”命令，可一次性保存所有打开的文档

D．用“文件”菜单的“全部保存”命令保存所有打开的文档

二、判断题（在题目后面的括号中对的打“√”，错的打“×”。）

1．需要输入特殊的符号，可以使用“插入”→“符号”菜单命令来实现。（　　）

2．调整文档的显示比例后，该文档打印输出的大小也会随之改变。（　　）

3．使用“格式”菜单下的“边框和底纹”命令，可以为文字设置多种样式的边框。（　　）

4．利用 Word 提供的“表格自动套用格式”功能，可以简便快捷地修饰表格。（　　）

5．使用“格式”工具栏上的“字符缩放”按钮，可以改变文字的字号大小。（　　）

6．文本框中文字的编辑方法与正文文字相同。（　　）

7．图形大小不仅可以缩放大小，还可以自由旋转。（　　）

8．在文本框中只能输入文字、表格，不能插入图形对象。（　　）

9．在表格中选择了某单元格后，按 DEL 键时，该单元格及其内容都将被删除（　　）

10．在 Word 2003 中，选择工具菜单中的自定义命令，可以设置定时自动保存文档（　　）

11．在普通视图下，只能显示硬分页符，不能显示软分页符（　　）

12．在分栏排版中只能进行等宽分栏。（　　）

13．普通视图下也可以显示页眉和页脚。（ ）

14．在 Word 2003 中可以改变艺术字的颜色，但不能设置艺术字的字体。（ ）

15．编辑菜单中的全选命令对表格无效。（ ）

16．编辑中的“查找”命令既可以查找文本内容，也可以查找文本格式。（ ）

17．Word 2003 只能将文本转换成表格，但不可以将表格转换成文本。（ ）

18．插入文档的页码只能从第一页开始。（ ）

19．工具栏中的“表格与边框”和格式中的“边框与底纹”功能完全相同。（ ）

20．段落“左缩进”的功能是使文本每个自然段起始位置空两个字。（ ）

三、填空题（在横线上填上正确答案）

1．Microsoft Office 2003 包括了文字处理软件________，表格处理软件 Excel 2003，电子幻灯演示软件 PowerPoint 2003 等应用软件。

2．________由水平标尺、垂直标尺、水平滚动条、垂直滚动条、视图切换按钮组和文档编辑区组成。

3．中文版 Word 2003 提供了五种版式视图主要是满足不同编辑状态下的需要，它们分别是：________、________、页面视图、大纲视图和阅读版式。

4．________方式是唯一的一种按照窗口大小进行折行显示的视图方式。

5．________方式即直接按照用户设置的页面大小进行显示，此时的显示效果与打印效果完全一致。

6．启动 Word2003 时，系统会自动应用默认的________模板创建一个名为“文档 1”的空白 Word 文档，扩展名为.doc。

7．创建或打开一个 Word2003 文档，用户就可以编辑文字等内容，此时编辑窗口中有一闪烁的光标（形状为竖线），光标所在的位置称为________。

8．将鼠标指向文档窗口不同的区域，单击鼠标________键，屏幕上将显示不同的快捷菜单。

9．在 Word 2003 中，拆分单元格指________。

10．在 Word 2003 中，拆分表格是指________。

11．在 Word 2003 的“文件”菜单中，有“新建（N）...”选项，其中的“（N）”表示可以用________快捷键实现该命令。

12．在 Word 2003 中，如果对文档中插入的图片进行编辑，________该图片可以直接进入编辑状态。

13．若打印表格的边线，应当使用“格式”菜单中的________命令。

14．如已打开一个 Word 文档 A.doc，编辑修改之后，若希望以 B.doc 保存且不覆盖原 A.doc，则应当在“文件”菜单中选________命令。

15．要在表格中添加斜线，则可以使用“表格和边框”工具栏中的________命令人工绘制斜线。

16．在 Word 2003 中，复制文本排版格式可以单击工具栏中的________按钮。

17．表格的虚线框在打印时________。

18．使用“插入”菜单中的________命令，可以插入特殊字符、国际标符和符号。

19．在“替换”对话框中，如果不向“替换为”文本框中输入任何内容，单击“全部替换”按钮，此时实现的操作是________。

20．在屏幕左边空白处双击鼠标左键可以选定________文档。

四、问答题

1．怎样启动 Word 2003？

2．怎样将 Word 2003 文档保存为一个纯文本文档？

3．在编辑 Word 2003 文档时，如何插入另一个文档的内容？

4．如何将选定的文本移动到指定位置？

5．什么是剪切板？

6．如何设置自动存储文档？

7．文本框的作用是什么？

8．什么是制表位？

9．如何快速插入自动图文集？

10．保存对文档的修改时，当屏幕提示“文档为只读”的信息时应如何处理？

第五章　中文 Excel 2003

一、单选题（本大题每小题只有一个答案是正确的，请在括号中填入正确的答案。）

1．Excel 是 Windows 下的（　　）软件。

A．文字处理　B．电子表格　C．桌面印刷　D．办公应用

2．在 Excel 中每张表格最多有（　　）列。

A．16　B．64　C．256　D．512

3．Excel 工作簿的扩展名为（　　）。

A．DOC　B．XLS　C．PPT　D．TXT

4．保存 Excel 工作簿可使用的键盘快捷键是（　　）。

A．Ctrl+C　B．Alt+F4　C．Ctrl+S　D．Esc

5．新建的 Excel 工作簿默认的工作表有（　　）。

A．1 个　　B．2 个　　C．3 个　　D．4 个

6．关于工作表叙述正确的是（　　）。

A．工作表的名称显示在窗口标题栏中

B．每一个工作表对应一个磁盘文件

C．无法对工作表的名称进行修改

D．工作表默认名为 sheet1，sheet2．..

7．Excel 中，填充柄位于单元格的（　　）。

A．上方　　B．左侧　　C．左下角　　D．右下角

8．Excel 中，A1 单元格值为 1，A2 单元格值为 3，选中 A1:A2 单元格，向下拉填充柄至 A5，则依次填充的值为（　　）。

A．1，3，1　　B．3，3，3　　C．1，1，1　　D．5，7，9

9．Excel 中某单元格为文本 MT46，拖动填充柄向下填充两个单元格时的值为（　　）。

A．MT47 和 MT48　　B．MT47 和 MT47

C．MO47 和 MP47　　D．MT46 和 MT46

10．下列操作中，不能在 Excel 工作表的选定单元格中输入公式的是（　　）。

A．单击工具栏中的“粘贴函数”按钮

B．单击“插入”菜单中的“函数”命令

C．单击“编辑”菜单中的“对象…”命令

D．单击“编辑公式”按钮，再从左端的函数列表中选择所需函数

11．在 Excel 的单元格中输入数值型数据时，默认为（　　）。

A．居中　　B．左对齐　　C．右对齐　　D．随机

12．Excel 中的条件格式最多可设置（　　）条件。

A．1 个　　B．2 个　　C．3 个　　D．4 个

13．用 Excel 记录大量学生成绩时，将不及格的成绩用醒目的方式表示，利用（　　）命令最为方便。

A．查找　　B．条件格式　　C．数据筛选　　D．定位

14．Excel 某单元格中的公式为“=B2”，将公式复制到右边一格，则复制出的公式为（　　）。

A．=C$2　　B．=C2

C．=B2　　D．会变，但不确定

15．Excel 运算符中，用于文本链接的运算符为（　　）。

A．+　　B．*　　C．-　　D．&

16．设 Excel 中 A1、B1、C1、D1 分别为 2、3、7、3，则公式 SUM(A1:C1)/D1 的值为（　　）。

A．4　　B．3　　C．15　　D．18

17. 在 Excel 中，欲使单元格显示 1.2，可输入（　　）。

A. 2*0.6　　B. “2*0.6”　　C. =“2*0.6”　　D. =2*0.6

18. Excel 中用于求和的公式是（　　）。

A. COUNT　　B. AVERAGE　　C. IF　　D. SUM

19. Excel 中设 A1 单元格值为文本“6”，A2 单元格值为数值 4，则 AVERAGE（A1：A2）=（　　）。

A. 4　　B. 6　　C. 5　　D. 2

20. Excel 中，为了用字符类型来表示一串数字可在数字前添加（　　）符号。

A. “　　B. ‘　　C. #　　D. @

21. 在 Excel 的单元格中，如要输入数字字符串 08715227802（电话号码）时，应输入（　　）。

A. 08715227802　B. 68812344　C. 68812344　D. 68812344

22. Excel 中，将单元格数值保留两位小数，不能实现的是（　　）。

A. 选择“数据”菜单下的“有效性”

B. 选择单元格单击右键，选择“设置单元格格式”

C. 选择工具条上的按钮“增加小数位数”或“减少小数位数”

D. 选择菜单“格式”，再选择“单元格…”

23. Excel 中清除单元格操作与删除单元格操作（　　）。

A. 一样　　B. 不一样　　C. 不确定

24. Excel 中的某单元格中出现“#VALUE!“表示（　　）。

A. 公式错误　　B. 参数类型错误　C. 单元格太小　　D. 值不定

25. 在选定单元格的操作中先选定 A2，按住 Shift 键，然后单击 C5，则选中区域为（　　）。

A. A2:C5　　B. A1:C5　　C. B1:C5　　D. A1:B1

26. 在 Excel 中，选取若干个不连续单元格，可以（　　）。

A. 按 Shift 键，依次点击所选单元格

B. 按 Alt 键，依次点击所选单元格

C. 按 Ctrl 键，依次点击所选单元格

D. 按 Tab 键，依次点击所选单元格

27. 在 Excel 工作表中，当前单元格只能是（　　）。

A. 选定的一个　B. 选中的一行　C. 选中的一列　D. 选中的区域

28. 在 Excel 中，要在同一工作簿中把工作表 Sheet3 移动到 Sheet1 前面，应（　　）。

A. 单击工作表 Sheet3 标签，并沿着标签行拖动到 Sheet1 前

B. 单击工作表 Sheet3 标签，并按住 Ctrl 键沿着标签行拖动到 Sheet1 前

C. 单击工作表 Sheet3 标签，并选取“编辑”菜单的“复制”命令，然后单击工作表 Sheet1 标签，再选“编辑”菜单的“粘贴”命令

D. 单击工作表 Sheet3 标签，并选取“编辑”菜单的“剪切”命令，然后单击工作表 Sheet1 标签，再选“编辑”菜单的“粘贴”命令

29. 在 Excel 工作簿中，有关移动和复制工作表的说法正确的是（　　）。

A. 工作表只能在所在工作簿内移动不能复制

B. 工作表只能在所在工作簿内复制不能移动

C. 工作表可以移动到其他工作簿内，不能复制到其他工作簿内

D. 工作表可以移动到其他工作簿内，也能复制到其他工作簿内

30. 在 Excel 中，若要在任意单元格的左方插入一个单元格，应在“插入”菜单中“单元格”命令中选择（　　）按钮。

A. 整行　　B. 活动单元格右移

C. 整列　　D. 活动单元格下移

31. 将 B2 单元格中的公式“=A1+A2-C1”复制到单元格 C3 后，其中的公式为（　　）。

A. =A1+A2+C　　B. =B2+B3-D2

C. D1+D2+F6　　D. D1*D2*F6

32. 在 Excel 单元格内输入计算公式是，应在表达式前加一前缀字符（　　）。

A. 左圆括号“(”　　B. 等号“=”

C. 美圆号“$”　　D. 单撇号“'”

33. 在 Excel 工作表中，不正确的单元格地址是（　　）。

A. C$66　　B. $C66

C. C6$6　　D. $C$66

34. Excel 中，某单元格的地址为 C15，则该单元格位于（　　）。

A. 第 C 列第 15 行　　B. 第 C1 行第 5 列

C. 第 15 列第 C 行　　D. 第 C1 列第 5 行

35. 在 Excel 中，单元格的地址为 A5，则该单元格位于（　　）。

A. 第 A 列第 5 行　　B. 第 A 行第 5 列

C. 数据　　D. 以上都不对

36. Excel 中第 4 列，第 5 行的单元格的地址为（　　）。

A. 45　　B. 5D

C. D5　　D. 54

37. Excel 中，某单元格的地址为 B15，则该单元格位于（　　）。

A. 第 B 列第 15 行　　B. 第 B1 行第 5 列

C. 第 15 列第 B 行　　D. 第 B1 列第 5 行

38. Excel 中，单元格的地址为 B4 表示（　　）。

A. 第 B 列第 4 行　　B. 第 B 行第 4 列

C. 数据　　D. 以上都不对

39．在 Excel 的单元格中输入（213），则单元格中的内容显示为（ ）。

A．字符串 213　　B．字符串（213）

C．数值 213　　D．-213

40．在 Excel 的 A1 单元格中输入 9/3，则 A1 单元格中的内容为（ ）。

A．3　　B．9 月 3 日

C．9/3　　D．#VALUE!

41．在 Excel 的 B4 单元格中输入 10-5，则 B4 单元格中的内容为（ ）。

A．5　　B．10 月 5 日

C．10-5　　D．#VALUE!

42．当 Excel 单元格中的字符串长度超过单元格宽度时，若右侧单元格为空，则超出部分将（ ）。

A．被删除截断　　B．作为另一个字符串存入右侧单元格

C．显示#####　　D．连续超格显示

43．当 Excel 单元格中的字符串长度超过单元格宽度时，若右侧单元格不空，则超出部分将（ ）。

A．自动增加列宽以完全显示　　B．超过单元格的内容被隐藏起来

C．显示#####　　D．连续超格显示

44．Excel 中若单元格数值数据的长度超过单元格的宽度时，单元格将（ ）。

A．显示#####　　B．超越到右侧单元格

C．只显示相应宽度的部分数字　　D．自动增加宽度显示

45．若在 Excel 单元格中输入分数 1/4，正确的输入格式为（ ）。

A．1/4　　B．0 1/4

C．1:4　　D．1|4

46．函数 AVERAGE（参数 1，参数 2，…）的功能是（ ）。

A．求括号中指定的各参数的总和

B．找出括号中指定的各参数中的最大值

C．求括号中指定的各参数的平均值

D．求括号中指定的各参数中具有数值类型数据的个数

47．Sheet2 的 C1 单元格需要引用 Sheet1 中 A2 单元格中的数据，正确引用为（ ）。

A．Sheet1!A2　　B．Sheet1!（A2）

C．Sheet1!A：2　　D．Sheet1（A2）

48．Excel 中 D1 单元格的公式为“=$A$1*A$2”，复制到 E2 单元格，其公式为（ ）。

A．=$A$1*A$3　　B．=$A$1*B$3

C．=$B$2*B$3　　D．=$A$1*B$2

49．下列选项中，属于对 Excel 工作表单元格绝对引用的是（　　）。

A．D3　　B．\$D\$3

C．\$D3D．!　　D．!3

50．Excel 中引用 H 列到 J 列的单元格区域可用（　　）。

A．H1：J1　　B．H：J

C．HJ　　D．H-J

51．Excel 中引用第 10 行中 B 列到 H 列的单元格区域可用（　　）。

A．B10：H10　　B．B10：H

C．BH10　　D．10B：10H

52．在 Excel 中要按其中某一列进行降序排列，则（　　）。

A．应选定该列　　B．必须选定该列中的第一个单元格

C．可选定该列中的任意一个单元格　D．不可选定多于一个的单元格

53．Excel 表格列数较多时，为了分清各行各列数据对应的标题可利用（　　）功能。

A．数据清单　　B．冻结窗格

C．分类汇总　　D．记录单

54．在 Excel 中数据透视表的功能是（　　）。

A．交叉分析表　　B．数据排序

C．图表　　D．透视

55．在对一个 Excel 工作表的排序时，下列表述中错误的一条是（　　）。

A．可以按指定的关键字递增排序

B．最多可以指定 3 个关键字排序

C．可以指定工作表中任意一个关键字排序

D．可以按指定的关键字递减排序

56．用筛选条件“数学>80 与总分>400”对考生成绩数据表进行筛选后，在筛选结果中显示的是（　　）。

A．所有数学>80 的记录

B．所有数学>80 与总分>400 的记录

C．所有总分>400 的记录

D．所有数学>80 或者总分>400 的记录

57．Excel 中进行分类汇总前必须对数据清单进行（　　）。

A．筛选　　B．建立数据库　　C．格式设置　　D．排序

58．在 Excel 中，图表和数据表放在一起的方法，称为（　　）。

A．自由式图表　　B．分离式图表　　C．合并式图表　　D．嵌入式图表

59．改变 Excel 图表的大小可通过拖动图表的（　　）来完成。

A．边线　　B．中间　　C．控点　　D．上部

60. 下列关于 Excel 图表的说法中不正确的是（ ）。

A. 图表可以由相邻或不相邻的单元格来生成

B. 图表的系列可产生在“行”或“列”

C. 创建图表后不能进行修改

D. 数据更新时图表将同时进行更新

二、判断题（在题目后面的括号中对的打“√”，错的打“×”。）

1. Excel 中选定单元格的范围不能超出当前的屏幕范围。（ ）

2. Excel 中使用公式，其公式一定会永远在单元格中显示出来。（ ）

3. Excel 中可的分类汇总，其汇总选项可有多个。（ ）

4. 工作表的打印一定要使用“文件→打印”菜单命令。（ ）

5. Excel 中自动填充是根据初始值决定后继的填充内容。（ ）

6. Excel 中插入新单元格后，现有的单元格位置不会发生变化。（ ）

7. Excel 图表中的图例文字不能改变。（ ）

8. Excel 中编辑输入数据只能在单元格中进行。（ ）

9. Excel 中可以建立日期序列。（ ）

10. Excel 时间格式中，若包含有 AM 或 PM，则根据 12 小时的计量单位计算时间。（ ）

11. Excel 软件一次只能打开一个工作簿。（ ）

12. Excel 中的工作簿可以重新命名。（ ）

13. Excel 中删除单元格与清除单元格操作的功能是一样的。（ ）

14. Excel 中以某表格为依据做的图表可与该表格放在同一工作表中。（ ）

15. Excel 软件可以根据已有数据绘制相应的统计图。（ ）

三、填空题（在横线上填上正确答案）

1. 在工作表的某个单元格内直接输入：6-20，Excel 认为这是一个________型的数据。

2. Excel 中一张工作最多可以有________行。

3. Excel 中文本默认的对齐方式为________对齐。

4. 如果要将工作表的 A5 单元格中的“电子表格”与 A6 单元格中的“软件”合并在 B5 单元格中，显示为“电子表格软件”，则在 B5 单元格中应输入公式________。

5. 如果 A1 单元格的值为 3，B1 单元格为空，C1 单元格为一个字符串，D1 单元格为 9，则函数 AVERAGE（A1：D1）的值是________。

6. 在单元格中输入学号 070023（数字字符串）时，应该输入________。

7. 按下 Ctrl 键后拖拉选定格边框，可实现________功能。

8．要选定整个工作表应单击________。

9．要对活动单元格的部分内容进行修改，单击________即可。

10．选定单元格后按________键将只清除单元格中的内容，而保留其中的批注和单元格格式。

11. 精确设置工作表行高的方法是：选定需要设置行高的所在行，再选择“格式”中的________命令，并在级联菜单中单击“行高”，然后在“行高”对话框中输入行高的精确值。

12．在单元格中输入（268），按 Enter 键后则显示________。

13．Excel 中对单元格绝对引用的特殊符号为________。

14．G8 单元格引 B4 单元格，绝对引用为________。

15．Excel 中的“:”作为运算符来使用，它属于________运算符。

16．Excel 提供四种运算符，优先级最低的是________运算符。

17．Excel 提供四种运算符，优先级最高的是________运算符。

18. 单元区域(D11：E15,B4：D8,F15：G16)包括的单元格数目是________。

19．在 Excel 中，快速查找数据清单中符合条件的记录，可使用 Excel 提供的________功能。

20．数据清单中的行相当于数据库中的________。

第六章　中文 PowerPoint 2003

一、单选题（本大题每小题只有一个答案是正确的，请在括号中填入正确的答案。）

1．Microsoft Office 2003 软件包包含（　　）。

A．Visual basic　B．PowerPoint 2003　C．Pasical　D. Visual FoxPro

2．不能退出 PowerPoint 2003 的操作是（　　）。

A．单击“文件”菜单中的“退出”命令

B．单击“文件”菜单中的“关闭”命令

C．单击 PowerPoint 2003 标题栏右侧的“关闭”按钮

D．按下 Alt+F4 键

3．幻灯片布局中的虚线框是（　　）。

A．占位符　B．图文框　C．特殊字符　D．显示符

4．PowerPoint 2003 处理的对象主要是（　　）。

A．图形　B．图像　C．特殊字符　D．文本

5. 在普通视图或幻灯片视图模式下，要在第 5 和第 6 张幻灯片之间插入一张新幻灯片，应该选定第（　　）张幻灯片。

A．第 6 张　　　　B．第 5 张

C．第 1 张　　　　D．同时选定第 5 张和第 6 张

6．保存演示文稿的键盘快捷键是（　　）。

A．Ctrl+O　　B．Ctrl+S　　C．Ctrl+A　　D．Ctrl+D

7．在（　　）中，仅显示幻灯片的标题和主要的文本信息，最适合组织和创建演示文稿的文本内容。

A．幻灯片窗口　B．备注窗口　C．大纲窗口　D．以上都对

8．PowerPoint 2003 属于（　　）。

A．系统软件　　　　B．操作系统

C．应用软件　　　　D．实时处理软件

9．在幻灯片编辑中，利用“格式”菜单中的“对齐方式”命令，可以为段落设置哪些对齐方式？（　　）

A．两端对齐　B．居中　C．分散对齐　D．以上都对

10．能够在幻灯片中插入剪贴画的操作方法有（　　）。

A．单击“插入”菜单，在弹出的子菜单中选择“图片”，再单击剪贴画命令

B．单击“绘图”工具栏中的“插入剪贴画”按钮

C．单击常用工具栏中的“插入剪贴画”按钮

D．A、B 都对

11．演示文稿中，如果要在幻灯片中增加一些不会被放映出来的说明，应该（　　）。

A．将说明写在幻灯片虚线框之外的文本框中

B．将说明写在幻灯片虚线框之内的文本框中

C．将说明写在幻灯片备注页视图的虚线框中

D．将说明写在幻灯片备注页视图的虚线框外

12．图表对象插入到幻灯片后，下列（　　）方法可以进入图表编辑状态。

A．选定图表后，双击该对象

B．选定图表后，单击该对象

C．选定图表后，单击鼠标右键，选中快捷菜单“图表对象”中的“编辑”命令

D．A、C 都对

13．（　　）操作能够在当前幻灯片中插入表格。

A．单击“插入”菜单，再选择“插入表格”菜单命令

B．通过“常用”工具栏中的“插入表格”工具按钮创建表格

C．使用带表格的幻灯片版式，在表格位置上修改表格

D．A、B 都对

14. 在幻灯片母版中，可以设置（ ）。

A. 幻灯片背景 B. 文字格式 C. 占位符位置 D. 以上都对

15. 以下各项可以作为幻灯片背景的是（ ）。

A. 图案 B. 图片 C. 纹理 D. 以上都对

16. 在 PowerPoint 2003 中可以在（ ）视图模式下输入文本。

A. 普通视图 B. 幻灯片浏览视图

C. 幻灯片放映视图 D. 页面视图

17.（ ）是制作幻灯片的主要场所。

A. 幻灯片浏览视图 B. 幻灯片备注页视图

C. 幻灯片普通视图 D. 幻灯片大纲视图

18. 在 PowerPoint 2003 中启动幻灯片放映的方法有（ ）。

A. 选择“视图”→“幻灯片放映”命令

B. 选择“幻灯片放映”→“观看放映”命令

C. 按键盘上的 F5 键

D. 以上都对

19. 演示文稿中的备注内容在播放演示文稿时（ ）。

A. 会显示 B. 不会显示 C. 显示一部分 D. 显示标题

20. 演示文稿的扩展名为（ ）。

A. PPT B. POT C. PTP D. PPS

21. 在幻灯片视图中选择“插入”→“幻灯片副本”命令，可为（ ）幻灯片复制出一张幻灯片副本。

A. 当前 B. 第一张 C. 最后一张 D. 任意一张

22. 要删除幻灯片上已选定的文本，可按（ ）快捷键。

A. Ctrl+V B. Ctrl+X C. Shift+C D. Ctrl+D

23. 在 PowerPoint2003 中放映幻灯片时，可通过单击鼠标（ ）来播放下一张幻灯片。

A. 右键或按左箭头键 B. 左键或按左箭头键

C. 右键或按右箭头键 D. 左键或按右箭头键

24. 一个演示文稿中（ ）幻灯片版式。

A. 只能包含一种 B. 可以包含多种

C. 只能选定一种 D. 可以包含 20 种

25.（ ）是 PowerPoint 视图中的一种。

A. 页面视图 B. 普通视图

C. 预览视图 D. 联机版式视图

26. Ctrl+M 键盘组合命令可在当前幻灯片之后（ ）。

A. 插入一个新的演示文稿

B．在任意位置插入一张新的幻灯片

C．在当前幻灯片之前插入一张新的幻灯片

D．在当前幻灯片之后插入一张新的幻灯片

27．要删除选定的所有幻灯片，可按键盘的（ ）键。

A．Ctrl B．Shift C．Alt D．Del

28．要选定所有幻灯片，可按键盘的（ ）键。

A．Ctrl+C B．Ctrl+B C．Ctrl+A D．Ctrl+V

29．在幻灯片大纲模式或浏览模式下要选定多张幻灯片，应先按下（ ）键后，再逐个单击要选定的幻灯片。

A．Ctrl B．Shift C．Esc D．Alt

30．PowerPoint 2003 窗口界面的左下脚的视图按钮有（ ）个。

A．2 B．3 C．4 D．6

31．在自定义动画对话框中，不可以设置的播放方式是（ ）。

A．动画顺序和时间 B．动画效果

C．声音 D．动作

32．在大纲视图中，要将幻灯片的部分项目内容拆分成两张幻灯片，可以使用（ ）按钮来实现。

A．折叠 B．上移 C．升级 D．降级

33．在幻灯片视图模式下，先按住（ ）键不放，再单击幻灯片“普通视图”按钮，可进入幻灯片母板编辑状态。

A．Ctrl B．Shift C．Ctrl+Esc D．Alt

二、判断题（在题目后面的括号中对的打“√”，错的打“×”）

1．用 PowerPoint 2003 制作的演示文稿，其扩展名为 POP。（ ）

2．在 PowerPoint 2003 中，常用工具栏左端的“新建”按钮的功能是创建一张新幻灯片。（ ）

3．使用“插入”→“符号”命令可以插入“符号”或“特殊符号”。（ ）

4．在 PowerPoint 2003 中，为演示文稿提供了四种母版：幻灯片母版、标题母版、讲义母版和备注母版。（ ）

5．“幻灯片版式”对话框中有 28 个可供选择的幻灯片版式。（ ）

6．在 PowerPoint 2003 中，插入的幻灯片总是在当前幻灯片之后。（ ）

7．在 PowerPoint 2003 中，幻灯片上的所有内容在页面视图下全部都会显示出来。（ ）

8．在幻灯片浏览视图中，文稿中所有的幻灯片都会以缩略图的形式，按次序排列在窗口中。（ ）

9．在幻灯片浏览视图中，按下 Delete 键可以删除所有幻灯片。（ ）

10．在播放演示文稿时，备注内容也能显示出来。（ ）

11．演示文稿的基本构成单位是幻灯片。（ ）

12．图片可作为幻灯片的背景。（ ）

13．在 PowerPoint 2003 中，可以使用格式工具栏上的按钮设置文字的对齐方式。（ ）

14．在 PowerPoint 2003 中，可以使用 Ctrl+U 键盘组合键粘贴已选定的文本。（ ）

15．在 PowerPoint 2003 中，可以在文本框内插入图片。（ ）

16．在 PowerPoint 2003 中，可以在文本框内段落文字前设置项目符号。（ ）

17．启动 PowerPoint 2003 时，系统默认的演示文稿名称是“我的文稿”。（ ）

18．在 PowerPoint 2003 中，可应用剪贴板和“复制”、“粘贴”命令，将信息从一个 Windows 应用程序中的内容拷贝到幻灯片中。（ ）

19．在 PowerPoint 2003 中的幻灯片中，可使用超链接方式，将文字或对象链接到指定的幻灯片或其他演示文稿。（ ）

20．在 PowerPoint 2003 中，根据使用需要，可启动或取消工具栏。（ ）

三、填空题（在横线上填上正确答案）

1．PowerPoint 2003 是 Microsoft 公司________系统重要组成部分之一。

2．启动 PowerPoint 2003 的方法有________种。

3．PowerPoint 2003 启动时，默认的演示文稿名称是________。

4．在 PowerPoint 2003 中，插入幻灯片时总是插在当前幻灯片之________。

5．PowerPoint 下有“普通”、“________”、“幻灯片放映”和“________”4 种工作视图模式。

6．打开 PowerPoint2003，文档的默认幻灯片版式是________。

7．文件菜单中“新建”命令的功能是建立________。

8．常用工具栏上“新幻灯片”按钮的功能是________。

9．要创建一个新的演示文稿，可通过菜单栏中的________下的________命令完成。

10．要为幻灯片中的对象设置自定义动画效果，可用菜单栏中________菜单中的命令。

11．要为幻灯片设置背景，可用________菜单中的________命令。

12．在幻灯片中艺术字是作为________处理的。

13．选择文件菜单中的________命令可以关闭演示文稿。

14．选择“幻灯片放映”菜单中的________命令可放映幻灯片。

15．选择文件菜单中的________命令可以退出 PowerPoint 2003。

16．在 PowerPoint 2003 中，通过________对话框可以设置文本的行间距。

17．在 PowerPoint 2003 中，设置幻灯片动画效果的方法有“动画方案”和________两种。

18．在 PowerPoint 2003 中，可通过“插入”菜单中的________命令插入一张与当前幻灯片内容完全相同的新幻灯片。

19．在 PowerPoint 2003 中，可通过________启动绘图工具栏。

20．选择键盘上的________键可立即结束幻灯片的放映。

四、问答题

1．在 PowerPoint 2003 中，有哪几种幻灯片视图模式？

2．在 PowerPoint 2003 中，新建演示文稿的方法有哪几种？

3．打开已存在的演示文稿的方法有哪几种？

4．退出 PowerPoint 2003 的方法有哪几种？

5．简述插入新幻灯片的基本操作方法。

6．简述在幻灯片中插入图片的基本操作方法。

7．简述设置幻灯片动画效果的基本步骤。

8．简述播放演示文稿的方法。

9．简述设置幻灯片背景的方法。

第七章　计算机网络与 Internet 应用

一、填空题（在横线上填上正确答案）

1．根据地理覆盖范围的不同，计算机网络可以分为：________、________和________。

2．计算机网络的主要功能有________、________和________。

3. 从结构角度看，计算机网络一般由________、________、________、________和________组成。

4．Internet 的特点是________、________和________。

5．IP 地址的格式为________，E-mail 地址的格式为________。

6．Internet 的接入方式有________、________、________、________和________。

7．一般网站搜索引擎的网址是由________、________、________组合成的。

8．计算机网络安全防范策略主要有________、________、________、________和________。

9．按网络拓扑结构分类，计算机网络一般可分为________、________、

________和________。

10. 网络操作系统的基本任务是要屏蔽本地资源与________的差异性，为用户提供各种基本的________功能，完成________系统资源的管理，并提供网络系统的________。

11. 交换式局域网的核心是________。

12. 网络协议的三要素是________、________和________。

13. 同一网络中所有计算机的________号都是一样的，________号都是不一样的。

14. 电子邮件系统需要有相应的协议支持。在目前的电子邮件系统中，最常使用的用于收信的协议是________，用于发信的协议是________。

15. ISP 的含义是________，它是用户接入________的入口点。

16. 通过电话网接入 Internet 是指用户计算机使用________，通过电话网与 ISP 相连接，再通过 ISP 的线路接入________。

17. 通过第一个十进制数可以判断出 IP 地址的类型，例如“12.0.0.0”是________地址，“128.23.0.7”是________地址，“201.112.48.66”是________地址。

18. ________是用来浏览 Internet 上的网页的________软件。

二、名词与术语解释

用所给定义解释以下术语（请在每个术语前的画线上标出正确的定义）。

术语：

__________1. 路由器

__________2. WWW

__________3. 资源子网

__________4. IP 地址

__________5. URL

__________6. 浏览器

__________7. 通信协议

__________8. 防火墙

A. Internet 上最受欢迎的信息检索服务系统。

B. 全球统一资源定位器。

C. 下载网页并将网页内容显示出来的软件。

D. 它是由主计算机系统、终端、联网设备、格式软件资源与信息资源组成的。

E. 一种实现局域网与广域网互连的主要设备。

F. 网络中通信各方事先约定的规则。

G. 连入 Internet 的每台设备都会分配到一个 32 位的二进制数，用来表示自己的位置。

H. 它处于内网和外网之间，用来限制外界用户对内部网络的访问。

三、问答题

1．试说明通信子网与资源子网的联系与区别。

2．局域网、城域网与广域网的主要特征是什么？

3．什么是网络协议？为什么接入 Internet 的所有计算机要用统一的协议？

4．什么是 IP 地址？IP 地址分为哪几类，每类地址的特点是什么？

5．简述 DNS 的含义及作用。

6．从结构的角度看，计算机网络是由哪几部分组成的？各部分的功能是什么？

7．通过比较说明双绞线、同轴电缆与光纤等三种常用传输介质的特点。

8．简述电子邮件的传送过程。

9．什么是 Internet？列举一些 Internet 上提供的服务。

10．什么是浏览器？什么是搜索引擎？

第八章　软件工程基础

一、单选题

1．开发软件所需高成本和产品的低质量之间有着尖锐的矛盾，这种现象称作（　　）。

A．软件工程　　B．软件周期

C．软件危机　　D．软件产生

2．模块的内聚性最高的是（　　）。

A．逻辑内聚　　B．时间内聚

C．偶然内聚　　D．功能内聚

3．在 SD 方法中全面指导模块划分的最重要的原则是（　　）。

A．程序模块化　　B．模块高内聚

C．模块低耦合　　D．模块独立性

4．软件详细设计主要采用的方法是（　　）。

A．模块设计　　B．结构化设计

C．PDL 语言　　D．结构化程序设计

5．黑盒测试在设计测试用例时，主要需要研究（　　）。

A．需求规格说明与总体设计说明　　B．详细设计说明

C．项目开发计划　　D．总体设计说明与详细设计说明

6．诊断和消除程序在使用过程中发生错误的过程称为（　　）。

A．校正性维护　　B．适应性维护

C．完善性维护　　D．预防性维护

7．在白盒技术测试用例的设计中，以下覆盖标准中发现错误能力最强的是（　　）。

A．语句覆盖　　B．判定/条件覆盖

C．条件组合覆盖　　D．判定覆盖

8．软件调试技术包括（　　）。

A．回溯法调试　　B．循环覆盖调试

C．边界值分析调试　　D．集成测试调试

9．模块的内聚性可以按照内聚程度的高低进行排序，以下排列中属于从低到高的正确次序是（　　）。

A．偶然内聚，时间内聚，逻辑内聚

B．通信内聚，时间内聚，逻辑内聚

C．逻辑内聚，通信内聚，顺序内聚

D．功能内聚，通信内聚，时间内聚

10．以下软件生存周期的活动中，要进行软件结构设计的是（　　）。

A．测试用例设计　　B．总体设计

C．程序设计　　D．详细设计

11．在软件生存期的各个阶段中跨越时间最长的阶段是（　　）。

A．需求分析阶段　　B．设计阶段

C．测试阶段　　D．维护阶段

12.“软件危机”是指（　　）。

A. 计算机病毒的出现

B. 利用计算机进行经济犯罪活动

C. 软件开发和维护中出现的一系列问题

D. 人们过分迷恋计算机系统

13. DFD 中的每个加工至少需要（　　）。

A. 一个输入流　　B. 一个输出流

C. 一个输入或输出流　　D. 一个输入流和一个输出流

14．程序的三种基本控制结构是（　　）。

A．过程、子程序和分程序　　B．顺序、选择和重复

C．递归、堆栈和队列　　D．调用、返回和转移

15．可行性分析是在系统开发的早期所做的一项重要的论证工作，它是决定该系统是否开发的决策依据，因必须给出（　　）的回答。

A．确定　　B．行或不行　　C．正确　　D．无二义

二、填空题

1．软件工程的出现时由于________的出现。

2. 软件生命周期是指软件定义、开发、使用、维护到报废为止的整个过程，可分为3个时期：________、开发期和______。

3. 详细设计的表示工具有______和语言工具，图形工具有程序流程图、PAD（Problem Analysis Diagram）图、______图，语言工具有伪码和PDL（Program Design Language）等。

4. 根据DeMarco的论述，结构化分析方法的工具有：数据流图、______、判定树和______。

5. 画数据流图的基本步骤概括地说，就是自外向内，________，________，求善求精。

6. 从技术观点来看，软件设计包括软件结构设计、________、_________、过程设计等4个步骤。

7. 结构图有4种模块类型，即________、传出模块、________以及协调模块。

8. 对于各种软件系统，不论DFD如何庞大和复杂，一般都可分为______和事务型。

9. 理论研究和大量实践表明，采用自顶向下、_____的策略和单入口、_____的控制结构设计程序是完全可行的，而且有一系列重要优点。

10. 软件测试方法有很多种，一般可分为两大类：动态测试方法和静态测试方法。________包括代码检查、静态结构分析和代码质量度量等。

11. 白盒测试的主要技术有逻辑覆盖测试、_________等。

12. 常用的黑盒测试方法和技术有：等价类划分法、_________、错误推测法和________等。

13. 单元测试又称为模块测试，一般采用________测试。

14. 软件开发的过程是自顶向下的，测试则整好相反，采用自底向上、_____的方法。

15. ________调试就是指对源程序进行分析，然后确定可能出错的地方并进行排错。

三、名词解释题

1. 需求分析
2. 软件开发环境
3. 黑盒测试法
4. 结构化程序设计
5. 软件测试
6. 确认测试
7. 软件生命周期

习题参考答案

第一章 计算机基础知识

一、单选题

1. C	2. C	3. D	4. D	5. C
6. B	7. B	8. B	9. D	10. A
11. A	12. B	13. A	14. D	15. B
16. A	17. B	18. B	19. D	10. A
21. B	22. A	23. B	24. B	25. A
26. A	27. A	28. C	29. A	30. B
31. B	32. D	33. A	34. B	35. C
36. D	37. D	38. A	39. A	40. D
41. A	42. A	43. B	44. A	45. C
46. D	47. D	48. D	49. B	50. D

第二章 微型计算机的基本组成与工作原理

一、单选题

1. C	2. A	3. B	4. B	5. C
6. C	7. A	8. D	9. B	10. B
11. C	12. D	13. D	14. B	15. C
16. B	17. B	18. A	19. B	20. C
21. D	22. C	23. D	24. C	25. C
26. A	27. B	28. C	29. B	30. B
31. A	32. C	33. C	34. C	35. B
36. B	37. B	38. A	39. D	40. B
41. C	42. A	43. B	44. C	45. C
46. B	47. D			

二、多选题

1. CD	2. BD	3. AD	4. CD	5. ABD
6. AC	7. AD	8. AD	9. BD	10. BCD
11. BCD	12. BCD	13. AD	14. DAGCF	15. BGLQ

三、判断题

1. √	2. ×	3. ×	4. ×	5. ×
6. ×	7. √	8. √	9. ×	10. ×

11. ×	12. ×	13. √	14. ×	15. ×
16. ×	17. ×	18. √	19. ×	20. ×

四、填空题

1. 主机，外设
2. 软件系统
3. 裸机
4. 地址总线
5. 北桥芯片
6. 算术/逻辑运算单元
7. 64 K
8. 一级高速缓存
9. 位
10. 硬盘、光盘、U 盘
11. 8FFF
12. BFF
13. 7FF
14. 液晶
15. 可擦写刻录光盘
16. 助记符
17. 高级
18. 操作系统
19. 有损压缩，无损压缩
20. 图形

第三章 Windows XP 操作系统

一、单选题

1. A	2. D	3. B	4. A	5. B
6. C	7. A	8. D	9. C	10. C
11. A	12. B	13. D	14. D	15. A
16. B	17. B	18. B	19. D	20. C
21. A	22. A	23. D	24. B	25. D
26. B	27. D	28. A	29. C	30. A
31. C	32. A	33. B	34. C	35. D
36. D	37. D	38. A	39. C	40. B
41. C	42. B	43. C	44. B	45. C
46. D	47. A	48. D	49. D	50. A
51. C	52. C	53. B	54. D	55. A
56. A	57. C	58. A	59. D	60. C
61. B	62. C	63. D	64. C	65. B
66. B	67. B	68. C	69. D	70. A
71. D	72. A	73. C	75. A	

二、多选题

1. DE	2. ABD	3. CD	4. ABC	5. ABD
6. ABC	7. AE	8. ABCDE	9. ABD	10. ABCD
11. ACD				

三、判断题

1. √	2. ×	3. ×	4. ×	5. √
6. √	7. ×	8. √	9. ×	10. ×
11. √	12. ×	13. √	14. ×	15. ×
16. ×	17. √	18. √	19. ×	20. √
21. ×	22. ×	23. √	24. ×	

四、填空题

1. 应用程序窗口、文档窗口、对话框窗口

2. 层叠窗口、横向平铺窗口、纵向平铺窗口

3. 只读、隐藏、存档

4. 直接在标题栏上单击“关闭”按钮、双击控制菜单按钮、单击控制菜单按钮、在弹出的控制菜单中选择“关闭”命令、使用 Alt+F4 组合键

5. 任务栏上

6. 移动是将文件（夹）从原来所在的位置移到另一个位置上，原文件夹不再保存该文件（夹），复制是在目标文件夹建立该文件（夹）的备份，原文件夹的文件（夹）仍然保留

7. “所有程序”→“附件”→“命令提示符”

8. 当前窗口

9. 搜索

10. 一系列文件名加上分隔符“ ”

11. 此窗口

12. 开始、关闭计算机

13. 大小、类型

14. 打开、编辑、Alt + Print Screen

15. 还原、恢复到原来的大小

16. C:\XYZ\test.exe、测试

17. 自动隐藏任务栏

18. 网上邻居

19. 该命令项是级联式命令

20. 对话框

21. 左、右

22. 任务栏

23. 缩略图、平铺、图标、列表、详细信息

24. 静音

25. 还原

26. 资源管理器

27. 删除该文件

28. 指向

29. Ctrl+X、Ctrl+V

30. Print Screen

第四章 中文 Word 2003

一、单选题

1. B	2. D	3. D	4. A	5. C
6. A	7. A	8. C	9. A	10. A
11. C	12. C	13. B	14. A	15. D

16. C	17. A	18. C	19. A	20. C
21. C	22. B	23. A	24. A	25. B
26. C	27. A	28. D	29. A	30. D
31. B	32. B	33. A	34. B	35. B
36. A	37. C	38. B	39. C	40. D
41. D	42. C	43. D	44. D	45. D

二、判断题

1. √	2. ×	3. √	4. √	5. ×
6. √	7. √	8. ×	9. ×	10. ×
11. ×	12. ×	13. ×	14. ×	15. ×
16. √	17. ×	18. ×	19. ×	20. ×

三、填空题

1. Word 2003	2. 文档窗口
3. 普通视图 Web 版式视图	4. Web 版式视图
5. 页面视图	6. Normal.dot
7. “插入点”	8. 右
9. 拆成多个单元格	10. 一个表拆为两个独立的表格
11. Ctrl+N	12. 双击
13. 边框与底纹	14. 另存为
15. 绘制表格	16. 格式刷
17. 不打印	18. 符号
19. 删除所查找的内容	20. 一段

四、问答题

1. 要点：可以选择以下任何一种方法来启动 Word 2003：

1）当安装好中文版后，在“开始”→“程序”→“Microsoft Office 2003”菜单中找到 Microsoft Office Word 2003 等选项，再单击 Microsoft Office Word 2003，就可以启动 Word 2003。

2）在桌面上双击“Microsoft Office Word 2003”的快捷图标。

3)在“我的计算机”或“Windows 资源管理器”中双击 Word 文档(扩展名.DOC)的图标，就可启动 Word 2003，并打开该文档。

4）单击“开始”→“运行”，在“运行”对话框中输入或通过“浏览”按钮找到 Word 2003 的安装的路径和应用文件，再单击”确定”，就可以启动 Word 2003。

2. 要点：可以选择“文件”→“另存为”，就会打开“另存为”对话框，用户在对话框的“保存类型”下拉菜单中选择“纯文本”，单击“保存”按钮，即可完成操作。

3. 要点：首先打开文档，然后选择“插入”→“文件”，在“插入文件”对话框中选择另一个文档的路径、文件名，再单击“插入”按钮。

4. 要点：首先选中文本，单击“编辑”→“剪切”，然后将插入点移到文档的指定位置，单击“编辑”→“粘贴”。也可以用热键、鼠标拖曳等方法，实现选中文本的移动。

5. 要点：[方法一] 先讲插入点光标定位在文档的开头，拖动鼠标，选择开头的几行文档，然后显示文档的结尾，按住 Shift 键，单击文档的结尾.。

[方法二] 在文本选定区，快速三击鼠标。

[方法三] 选择编辑菜单，然后单击全选命令。

6. 要点：为了避免突然停电或死机等意外情况时造成对数据丢失，用户可以利用“自动保存”功能来保存文档，其操作为：单击“工具”→“选项”，系统就会弹出“选项”对话框，然后单击“保存”选项卡，选中“自动保存时间间隔”，并在后面的文本框中输入时间，如：10，也就是系统每间隔 10 min 就会自动保存一次所编辑的文档。

7. 要点：文本框可以存放文本或图像，是一种图形对象。

8. 要点：制表位是指水平标尺上的位置，它指定了文字缩进的距离或一栏文字开始的位置，使用户能够向左、向右或居中对齐文本行；或者将文本与小数字符或竖线字符对齐。用户可以在制表符前自动插入特定字符，如句号或画线等。默认情况下，按一次 Tab 键，Word 将在文档中插入一个制表符，其间隔为 0.74 cm。

9. 要点：首先建立好词条

方法一：编辑文档时，用户输入“云南”时，系统会出现如下图的提示，用户只需按一下 Enter 键，词条便自动录入。

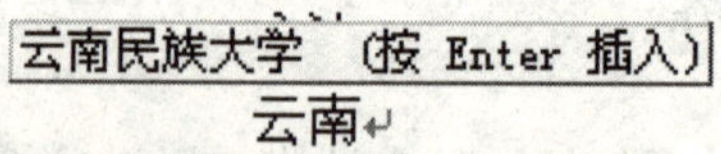

方法二：添加“自动图文集”工具栏，然后单击“所有词条”。

方法三：选择“插入”→“自动图文集”命令。

10. 要点：原因是文档是以“只读”方式打开，用户可以将文件“另存为”另外一个文档。

第五章 中文 Excel 2003

一、单选题

1. B	2. C	3. B	4. C	5. C
6. D	7. D	8. D	9. A	10. C
11. C	12. C	13. B	14. B	15. D
16. A	17. D	18. D	19. D	20. B
21. D	22. A	23. B	24. B	25. A

26. C	27. A	28. A	29. D	30. B
31. B	32. B	33. C	34. A	35. A
36. C	37. A	38. A	39. D	40. B
41. B	42. D	43. B	44. A	45. B
46. C	47. A	48. D	49. B	50. B
51. A	52. C	53. B	54. A	55. C
56. B	57. D	58. D	59. C	60. C

二、判断题

1. ×	2. ×	3. √	4. ×	5. √
6. ×	7. ×	8. ×	9. √	10. √
11. ×	12. √	13. ×	14. √	15. √

三、填空题

1. 日期	2. 65536
3. 左	4. A5&A6
5. 6	6. 070023
7. 复制	8. 全选按钮/Ctrl+A
9. 编辑栏	10. Delete/Backspace
11. 行	12. -268
13. $	14. $B$4
15. 引用	16. 比较
17. 引用	18. 29
19. 自动筛选	20. 记录

第六章 中文 PowerPoint 2003

一、单选题

1. B	2. B	3. A	4. D	5. B
6. A	7. D	8. C	9. D	10. C
11. D	12. D	13. D	14. D	15. D
16. A	17. C	18. D	19. B	20. A
21. A	22. B	23. D	24. B	25. B
26. D	27. D	28. C	29. B	30. B
31. D	32. C	33. B		

二、判断题

1. ×	2. ×	3. √	4. √	5. ×
6. √	7. ×	8. √	9. ×	10. ×
11. √	12. √	13. √	14. ×	15. ×

16. √ 17. × 18. √ 19. √ 20. √

三、填空题

1. Office
2. 3
3. 演示文稿 1
4. 后
5. 幻灯片浏览、备注页
6. 标题幻灯片
7. 新的演示文稿
8. 插入一张新幻灯片
9. 插入、新幻灯片
10. 幻灯片放映/新幻灯片
11. 格式、背景
12. 图形对象
13. 关闭
14. 观看放映
15. 退出
16. 行距
17. 自定义动画
18. 幻灯片副本
19. 视图|工具栏
20. Esc

四、问答题

1. 要点：在 PowerPoint 2003 中，有“普通”、“幻灯片浏览”、“幻灯片放映”和“备注页”四种幻灯片视图模式，其中“普通”幻灯片视图模式是制作幻灯片的主要模式。

2. 要点：PowerPoint 2003 在“任务窗格”中提供了“空演示文稿”、“根据内容提示向导”、“根据设计模板”和“根据现有演示文稿”四种新建演示文稿的方法，通过菜单栏或工具栏也可以建立新的演示文稿。

3. 要点：通过“开始”→“程序”→“Microsoft PowerPoint 2003”命令，启动 PowerPoint 2003。

单击“其他”选项，选中所需的演示文稿，按“打开”按钮可打开该演示文稿。单击 PowerPoint2003“打开”按钮，或选择“文件”→“打开”命令，选择需要打开的文件，单击“打开”按钮就可以打开演示文稿了。还可以在“Windows 资源管理器”或“我的电脑”中，找到需要编辑的演示文稿，双击该演示文稿即可完成演示文稿的打开操作。

4. 要点：在 PowerPoint 2003 的菜单栏中单击“文件”→“退出”命令；在 PowerPoint 2003 主窗口右上角的控制菜单中，单击“关闭”控制图标；在 Windows 系统任务栏中的 PowerPoint 2003 图标上右击鼠标，然后在弹出的快捷菜单中单击“关闭”命令等都可退出。

5. 要点：通过菜单栏的“插入”→“新幻灯片”可在当前幻灯片之后插入一张新幻灯片，若选择“插入”→“幻灯片副本”可在当前幻灯片之后插入一张与当前幻灯片相同的另一张幻灯片；通过格式工具栏的“新幻灯片”也可插入一张默认板式的新幻灯片。

6. 插入图片的基本操作方法要点：打开演示文稿，选择要插入图片的幻灯片。利用菜单栏的“插入”→“图片”后，选择“剪贴画”、“来自文件”、“艺术字”

等命令可插入图片；利用“绘图”工具栏的“剪贴画”、“来自文件”、“艺术字”等按钮也可插入图片。

7. 要点：设置幻灯片动画效果的方法有“动画方案”和“自定义动画”两种，动画方案是一组预先定义好的动画效果和切换效果；而自定义动画是根据幻灯片的需要对幻灯片及对象设置的动画效果和切换效果。基本步骤是选定需要设置动画效果的对象，通过菜单栏中的“幻灯片放映”→“动画效果”或“自定义动画”命令打开“幻灯片设计”或“自定义动画”对话框，选择相应动画方案或利用“添加效果”按钮，分别以“进入”、“强调”、“退出”和“动作路径”时的需要选择相应动画效果即可。

8. 要点：播放演示文稿之前首先利用菜单栏中的“幻灯片放映”→“设置放映方式”对幻灯片的放映方式进行设置，然后对幻灯片的切换方式进行设置。若需要自动放映，则还需利用“排练计时”命令对每张幻灯片的播放时间等进行排练固定。以上工作完成后，选择开始播放的幻灯片作为当前幻灯片，可通过菜单栏中的“幻灯片放映”→“观看放映”命令，或 PowerPoint 2003 窗口左下角的“从当前幻灯片开始幻灯片放映”按钮，从当前幻灯片开始播放。

9. 要点：首先选定需要设置背景的幻灯片，通过菜单栏中的“格式”→“背景”命令打开“背景”对话框，然后通过下拉式列表框打开“自动”、“预设颜色”、“其他颜色”和“填充效果”选择项，选择其中之一即可。在其他颜色中包括“标准”和“自定义”两种方式。在“填充效果”中包括“渐变”、“纹理”、“图案”和“图片”四种选择。在“渐变”选项中又分为“单色”、“双色”和“预设”三种，在预设中给出了多种配色方案，选择其中适合的一种即可。另外，在“背景”对话框中给出了“全部应用”和“应用”两个按钮，若选择“全部应用”，则此演示文稿中的所有幻灯片均以此设置作为幻灯片的背景；若选择“应用”按钮，则只对当前幻灯片按此背景设置，其他幻灯片的背景不变。

第七章 计算机网络与 Internet 应用

一、填空题

1. 局域网、城域网、广域网

2. 数据通信、资源共享、分布处理

3. 服务器、工作站、联网设备、通信协议、网络操作系统

4. 共享性、开放性、通信协议的一致性

5. 网络号+主机号、用户名@ISP 的域名

6. 局域网接入、电话拨号接入、ADSL 接入、Cable Modem 接入、LMDS 接入

7. 检索资源所用的协议、资源所在计算机的主机地址、资源的路径与文件名

8. 防火墙技术、数据加密与用户授权访问控制技术、入侵检测技术、防病毒

技术、安全管理队伍的建设

9. 总线型、星型、环型、层次型

10. 网络资源、网络服务、网络共享、安全性服务

11. 交换机　　12. 语法、语义、语序

13. 网络、主机　　14. POP3、SMTP

15. Internet 服务提供者、Internet　　16. 调制解调器、Internet

17. A 类、B 类、C 类　　18. 浏览器、客户端

二、名词与术语解释

1. E　2. A　3. D　4. G　5. B　6. C　7. F　8. H

三、问答题

1. 要点：计算机网络要完成数据处理与数据通信两大基本功能，因此从逻辑功能上可分成资源子网与通信子网两部分。

资源子网由主计算机系统、终端、联网外设、各种软件资源与信息资源组成。资源子网负责全网的数据处理业务，向网络用户提供各种网络资源与网络服务。早期的主机系统主要是指大型机、中型机与小型机，它通过通信线路与通信控制处理机相连接。终端是用户访问网络的界面。

通信子网由通信控制处理机、通信线路与其他通信设备组成，完成网络数据传输、发送等通信处理任务。通信控制处理机即作为与资源子网的主机、终端连接的接口，又作为通信子网中的分组存储转发结点使用。通信线路为通信控制处理机与通信控制处理机、通信控制处理机与主机之间提供通信信道。

2. 要点：根据网络覆盖的地理范围进行分类，计算机网络可以分为三类：

1）局域网：局域网用于将有限范围内（例如一个实验室、一幢大楼、一个校园）的各种计算机、终端与外部设备互联成网，它属一个单位所有。按照采用技术、应用范围和协议标准的不同可以分为共享式局域网和交换式局域网。

2）城域网：城域网是介于局域网和广域网之间的一种网络。城域网设计的目的是满足几十公里范围内的多个局域网互联的需求，以实现大量用户之间的数据、语音、图形与视频等多种信息的传输功能。城域网既可以是私有的也可以是公用的。

3）广域网：广域网覆盖的地理范围从几十公里到几万公里，可以覆盖一个国家、地区或横跨几个洲。广域网的通信子网主要使用分组交换技术。广域网的通信子网利用公用分组交换网将分布在不同地区的计算机网络互联起来。广域网属于多个单位所共有。

3. 要点：通信协议是指网络中通信各方事先约定的通信规则，我们可以简单地理解为各计算机之间进行相互会话所使用的共同语言。两台计算机在进行通信时，必须使用相同的通信协议。

Internet 是一个全球性的计算机网络，它由各种不同类型和规模的计算机网络

所组成，这些网络包括局域网和广域网，它们之间通过电话线、专用线和光缆等线路连接起来。在这样的网络中，如果没有一个统一的网络协议，那么各计算机之间传送的信息就不能互相理解，这样的信息传送也就没有任何意义了。所以，在同一个网络中的所有计算机有要遵守相同的通信协议。

4. 要点：使用 TCP/IP 通信时，每台使用该协议的计算机都分得一个 IP 地址，用来表示自己的位置。IP 地址是一个 32 位的二进制串，为了方便记忆，以 8 位为一节，将 IP 地址分成 4 小节。每一节又转换成十进制来表示，中间以圆点分隔。

IP 地址分为 A 类、B 类和 C 类。

A 类地址的特点：在以十进制表示的 4 字节的 IP 地址中，第 1 节中的 8 位表示网络号，后 3 节中的 24 位表示主机号。全球最多有 126 个 A 类网络，而每个 A 类网络中有 16 777 214 台主机。

B 类地址的特点：在以十进制表示的 4 字节的 IP 地址中，第 1、2 节中的 16 位表示网络号，3、4 节中的 16 位表示主机号。全球最多有 16 384 个 B 类网，而每个 B 类网络中有 65 534 台主机。

C 类地址的特点：在以十进制表示的 4 字节的 IP 地址中，第 1、2、3 节中的 24 位表示网络号，第 4 节中的 8 位表示主机号。全球最多有 2 097 152 个 C 类网，而每个 C 类网络中有 254 台主机。

5. 要点：DNS —— Domain Name System，含义是域名管理系统。

域名管理系统就是一种帮助人们在 Internet 上用名字来唯一标志自己的计算机，并保证主机地址（主机名+域名）和 IP 地址一一对应的网络服务。

6. 要点：从结构角度看计算机网络一般由服务器、工作站、联网设备、通信协议和网络操作系统组成。

服务器是整个网络系统的核心，它为网络用户提供服务并管理整个网络。

工作站是指连接到网络上的计算机。它不同于服务器，服务器可以为整个网络提供服务并管理整个网络，而工作站只是一个接入网络的设备，它的接入和离开对网络系统不会产生影响。

联网设备是连接服务器与工作站的一些连线或连接设备。常用的连线有同轴电缆、双绞线和光缆等。局域网用的连接设备有网卡、集线器、交换机等。广域网的连接设备是路由器、调制解调器等。

通信协议是指网络中通信各方事先约定的通信规则，我们可以简单地理解为各计算机之间进行相互会话所使用的共同语言。两台计算机在进行通信时，必须使用相同的通信协议。

网络操作系统的基本任务则是要屏蔽本地资源与网络资源的差异性，为用户提供各种基本网络服务功能，完成网络共享系统资源的管理，并提供网络系统的安全性服务。

7. 要点：双绞线用于连接星形网络，其优点是价格较为低廉，重量轻，易弯曲，易安装，适用于结构化综合布线。

铜轴电缆的绝缘体和保护屏蔽层，使得它有较强的抗干扰能力，而且它可以把信号传得比双绞线更远，但价格也比双绞线贵，用铜轴电缆只能连成总线型网络。

光纤的特点：通信容量非常大；抗电磁干扰性能好；保密性好，无串音干扰；信号衰减小，传输距离长；抗化学腐蚀能力强。但价格较贵，接头困难。

8. 要点：首先用 SMTP 协议将邮件发送到自己的邮件服务器；然后用 SMTP 协议将邮件发送到对方邮件服务器；再将收到的邮件分发到收件人的信箱中；最后用 POP3 协议将邮件接收到本地信箱中。

9. 要点：Internet 是一个全球性的计算机网络，它由各种不同类型和规模的计算机网络所组成，这些网络包括局域网和广域网，它们之间通过电话线、专用线和光缆等线路连接起来。它是自主网络的集合。

Internet 提供的服务包括 www 服务、电子邮件（E-mail）、文件传输（FTP）、远程登录（Telnet）、新闻论坛（Usenet）、新闻组（News Group）、电子布告栏（BBS）、Gopher 搜索、文件搜寻（Archie）等等，全球用户可以通过 Internet 提供的这些服务，获取 Internet 上提供的信息和功能。

10. 要点：浏览器是一个客户端软件，它可以将服务器上的网页下载并显示出来。

搜索引擎是 Internet 上的一个网站，它的主要任务是定期在 Internet 中主动搜索其他 Web 站点中的信息并对其自动索引，其索引内容存储在可供查询的大型数据库中。当用户利用关键字查询时，该网站会告诉用户包含该关键字信息的所有网址，并提供通向该网站的链接。

第八章 软件工程基础

一、单项选择题

1. C	2. D	3. D	4. D	5. A
6. A	7. C	8. A	9. C	10. B
11. D	12. C	13. D	14. B	15. B

二、填空题

1. 软件危机
2. 计划期、运行期
3. 图形工具、N–S
4. 数据字典、判定表
5. 自顶向下、逐层细化
6. 数据设计、接口设计
7. 传入模块、变换模块

8．变换型

9．逐步求精、单出口

10．静态测试

11．基本路径测试

12．边界值分析法、因果图

13．白盒

14．逐步集成

15．静态

三、名词解释题

1．需求分析是指，开发人员要准确理解用户的要求，进行细致的调查分析，将用户非形式的需求陈述转化为完整的需求定义，再由需求定义转换到相应的形式功能规约（需求规格说明）的过程。

2．软件开发环境是一组相关的软件工具的集合，将它们组织在一起，为特定的领域所使用，以支持整个软件生命周期的计算机辅助开发程序系统。

3．黑盒测试把被测试对象看成一个黑盒子，测试人员完全不考虑程序的内部结构和处理过程，只在软件的接口处进行测试，依据需求规格说明书，检查程序是否满足功能要求。因此，黑盒测试又称为功能测试或数据驱动测试。

4．结构化程序设计是实现该目标的关键技术之一，它指导人们用良好的思想方法开发易于理解、易于验证的程序。结构化程序设计方法的基本要点是：1）采用自顶向下、逐步求精的程序设计方法；2）使用三种基本控制结构构造程序；3）主程序员组的组织形式。

5．软件测试就是在软件投入运行之前，尽可能多地发现软件中的错我。软件测试时保证软件质量、可靠性的关键步骤。它是对软件规格说明、设计和编码的最后复审。

6．确认测试用于验证软件的功能和性能及其他特性是否与用户的要求一致。确认测试主要发现需求分析时犯下的错误，一般使用黑盒测试，以表明软件符合需求说明书的要求，应该仔细设计测试用例和测试过程。确认测试必须有用户参与，或以用户为主，用户应参与设计测试用例，通常主要使用生产中的实际数据进行测试，测试数据通过用户接口输入。

7．软件生命周期是指软件定义、开发、使用、维护到报废为止的整个过程，可分为 3 个时期：计划期、开发期和运行期。计划期又分为问题定义和可行性研究两个阶段；开发期分为 4 个阶段：需求分析阶段、设计阶段（总体设计、详细设计）、编码阶段和测试阶段；运行期即维护阶段。

第二部分 上机指导

实验一 Windows XP基本操作

一、实验目的

① 熟悉 Windows XP 的启动和退出。
② 熟悉 Windows XP 的桌面操作。
③ 掌握 Windows XP 窗口的基本操作。
④ 掌握菜单的基本操作。
⑤ 掌握应用程序的启动、切换和退出。

二、实验内容

① 启动 Windows XP。
② Windows XP 的关闭。
③ Windows XP 的桌面操作。
④ 窗口的基本操作。
⑤ 菜单的基本操作。
⑥ 应用程序的启动、切换和退出。

三、实验步骤

1. 启动 Windows XP

打开电源后，如果计算机只安装了中文版 Windows XP 操作系统，计算机将自动启动 Windows XP；如果计算机中同时安装有多个操作系统，会显示一个操作系统选择菜单，使用键盘上的方向键选择 Microsoft Windows XP Professional 选项，然后按回车（Enter）键，计算机将开始启动 Windows XP。屏幕显示“要开始，请单击您的用户名”提示，要求选择用户名。如果用户设置了密码，在用户账号图标下方会自动出现一个空白文本框，用户可以在此处输入密码。如果选中的用户没有设置密码，系统将直接登录。如图 1-1 所示。

图 1-1　Windows XP 桌面

2. Windows XP 的关闭

单击“开始”按钮，在“开始”菜单中选择“关闭计算机”命令按钮

，这时系统会弹出一个“关闭计算机”对话框，用户可在此做出选择，如图 1-2 所示。

图 1-2　“关闭计算机”对话框

• 待机：当用户选择“待机”选项后，系统将保持当前的运行，计算机将转入低功耗状态，当用户再次使用计算机时，在桌面上移动鼠标即可以恢复原来的状态，此项通常在用户暂时不使用计算机，而又不希望其他人在自己的计算机上任意操作时使用。

• 关闭：选择此项后，系统将停止运行，保存设置退出，并且会自动关闭电源。用户不再使用计算机时选择该项可以安全关机。

• 重新启动：此选项将关闭并重新启动计算机。

用户也可以在关机前关闭所有的程序，然后使用 Alt+F4 组合键快速调出“关闭计算机”对话框进行关机。

3. Windows XP 的桌面操作

（1）图标的排列

在桌面上的空白处右击，在弹出的快捷菜单中选择“排列图标”命令，如图 1-3 所示，在子菜单项中包含了多种排列方式。

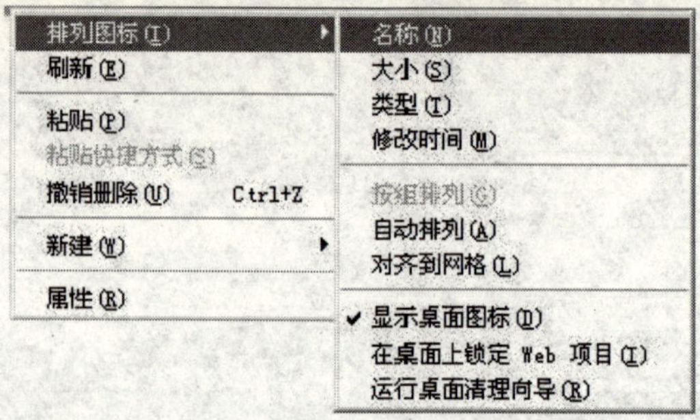

图 1-3 “排列图标”命令

（2）创建桌面图标

a. 右击桌面上的空白处，在弹出的快捷菜单中选择“新建”命令，如图 1-4 所示。

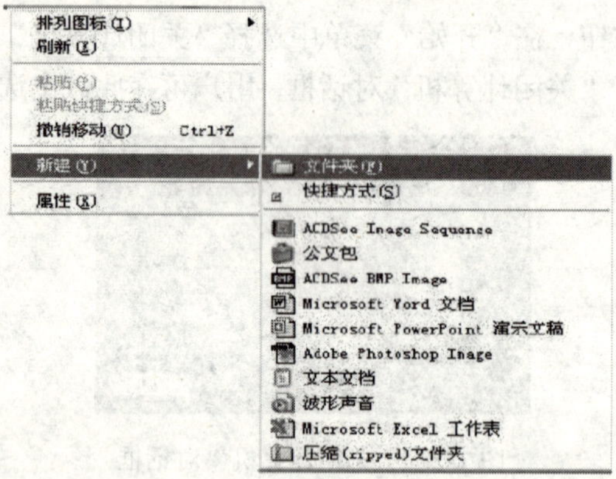

图 1-4 “新建”命令

b. 利用“新建”命令下的子菜单，用户可以创建各种形式的图标，比如文件夹、快捷方式、文本文档等。

c. 当用户选择了所要创建的选项后，在桌面上会出现相应的图标，用户可以为它命名，以便于识别。其中当用户选择了“快捷方式”命令后，出现一个“创建快捷方式”向导，该向导会帮助用户创建本地或网络程序、文件、文件夹、计算机或 Internet 地址的快捷方式，可以手动键入项目的位置，也可以单击“浏览”按钮，在打开的“浏览文件夹”窗口中选择快捷方式的目标，确定后，即可在桌面上建立相应的快捷方式。

（3）图标的重命名与删除

若要给图标重新命名，可执行下列操作：

a. 在该图标上右击。

b. 在弹出的快捷菜单中选择“重命名”命令，如图 1-5 所示。

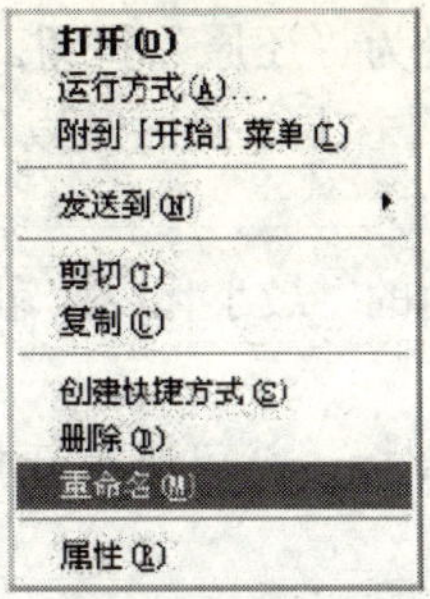

图 1-5 “重命名”命令

c. 当图标的文字说明位置呈反色显示时，用户可以输入新名称，然后在桌面上任意位置单击，即可完成对图标的重命名。

桌面的图标失去使用的价值时，就需要删掉。同样，在所需要删除的图标上右击，在弹出的快捷菜单中执行“删除”命令。用户也可以在桌面上选中该图标，然后在键盘上按下 Delete 键直接删除。当选择删除命令后，系统会弹出一个对话框询问用户是否确实要删除所选内容并移入回收站。用户单击“是”，删除生效，单击“否”或者是单击对话框的关闭按钮，此次操作取消。

4. 窗口的基本操作

（1）调整窗口的大小

a. 双击“我的电脑”图标，打开“我的电脑”窗口。

b. 将鼠标指针移到“我的电脑”窗口的左（或右）边框上，使鼠标指针形状变为一个横向的双向箭头。

c. 按下鼠标左键不放，拖曳鼠标横向移动，则窗口边框随之横向扩大或缩小。调整到适当大小时，释放鼠标左键。

d. 将鼠标指针移到“我的电脑”窗口的上（或下）边框上，使鼠标指针形状变为一个纵向的双向箭头。

e. 按下鼠标左键不放，拖曳鼠标上下移动，则窗口边框随之纵向扩大或缩小。调整到适当大小时，释放鼠标左键。

f. 将鼠标指针移到窗口顶角处，使鼠标指针形状变为一个斜向的双向箭头。

g. 按下鼠标左键不放，拖曳鼠标斜向移动，则窗口的大小（横向及纵向）会随之发生变化。调整到适当大小时，释放鼠标左键。

（2）移动窗口

a. 将“我的电脑”窗口适当调小。

b. 将鼠标指针指向“我的电脑”窗口的标题栏。

c. 按下鼠标左键不放，移动鼠标拖曳窗口到另一位置后，释放鼠标键，则窗口被移动到新的位置。

（3）窗口的最大化、最小化和还原

a. 单击“我的电脑”窗口右上角的“最大化”按钮，则窗口扩大到充满整个屏幕。此时“最大化”按钮变为“还原”按钮。

b. 再单击“我的电脑”窗口右上角的“还原”按钮，则该窗口的大小和位置恢复到最大化前的状态。

c. 单击“我的电脑”右上角的“最小化”按钮，则该窗口缩小为一个图标，位于任务栏上。

d. 单击任务栏上的最小化图标，就可以重新打开该窗口。

（4）窗口的打开与关闭

a. 在桌面上双击“回收站”图标，打开“回收站”窗口。

b. 在“回收站”窗口中，单击右上角的“关闭”按钮，或者双击左上角的“控制菜单框”，即可关闭“回收站”窗口。

（5）窗口的排列

移动或缩放窗口，需要一定的时间。使用窗口的平铺或层叠，可以自动设置窗口的放置方式，其操作步骤是：

a. 双击“我的电脑”图标，打开“我的电脑”窗口。

b. 双击“回收站”图标，打开“回收站”窗口。

c. 右键单击“开始”按钮，在弹出菜单中选择“Windows 资源管理器”命令，打开“资源管理器”窗口。此时桌面上有三个窗口，比较凌乱。

d. 用鼠标右击任务栏的空白部分，从弹出的快捷菜单中选择层叠（或平铺）窗口命令，其结果如图 1-6 所示。

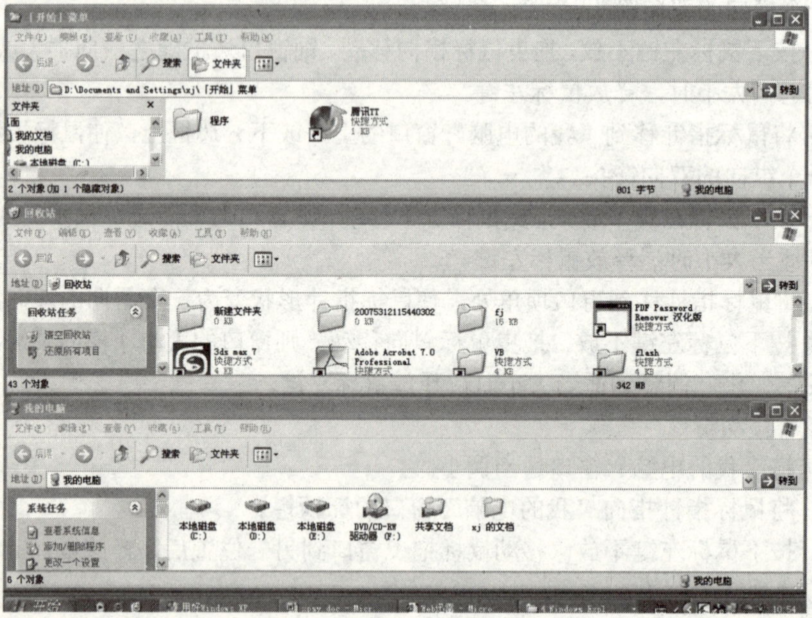

图 1-6　“横向平铺窗口”命令

5. 菜单的基本操作

（1）菜单的打开和关闭

a. 打开“我的电脑”窗口，在菜单栏中单击“文件”选项，即可打开该下拉式菜单。

b. 再单击“文件”选项，或单击该菜单以外的任意处，则会关闭该菜单。

（2）菜单命令选项的选择

a. 打开“我的电脑”窗口，单击“查看”选项，打开其下拉式菜单。

b. 观察下拉式菜单中的“状态栏”命令，如果左边有“√”标记，表明该命令已被选中，按Esc键退出。如果左边没有“√”标记，则单击该命令，使其被选中。

c. 单击“查看”选项，再次打开菜单。此时“状态栏”命令左边有“√”标记，表明该命令已经被选中。

d. 再单击“状态栏”命令，以取消对该命令的选定。

e. 单击“查看”选项，打开下拉式菜单，此时“状态栏”命令左边无任何标记。

f. 按Esc键，关闭该菜单。

（3）快捷菜单的使用

快捷菜单是常用菜单命令的快速使用方式。例如，要打开“显示属性”对话框，通常采用的操作步骤是：

a. 单击“开始”按钮，弹出一个菜单。

b. 在该菜单中选择“设置/控制面板”命令。

c. 在出现的“控制面板”窗口中，双击“显示”图标，则可打开“显示属性”对话框。

若采用快捷菜单，其操作步骤是：

a. 在桌面上右击，弹出一个快捷菜单。

b. 在该菜单中，选择“属性”命令，则可打开“显示属性”对话框。

6. 应用程序的启动、切换和退出

（1）应用程序的启动

通过以下操作，了解启动应用程序的几种方法。

a. 单击“开始”按钮，在弹出的菜单中选择“程序→附件→画图”命令，则可启动“画图”应用程序。

b. 单击“开始”按钮，在弹出的菜单中选择“运行”命令，此时出现“运行”对话框，在“打开”文本框中输入C:\WINNT\System32\Calc.exe，再单击“确定”按钮，则启动了“计算器”应用程序。

c. 右击“开始”按钮，在弹出的快捷菜单中选择“资源管理器”命令，在C盘的WINNT\System32文件夹中双击Notepad.exe，则启动了“记事本”应用程序。

（2）应用程序的切换

a. 单击任务栏中的应用程序图标可以在多个应用程序之间进行切换。

b. 按 Alt+Tab 或 Alt+Esc 组合键也可以在多个应用程序之间进行切换。

（3）应用程序的退出

a. 按 Alt+Tab 组合键，使“画图”应用程序窗口为当前窗口。

b. 按 Alt+F4 组合键，则退出“画图”应用程序。

c. 继续按 Alt+Tab 组合键，使“记事本”应用程序窗口为当前窗口。

d. 双击“记事本”窗口左上角的控制菜单框，则退出“记事本”应用程序。

e. 使“计算器”应用程序窗口为当前窗口。

f. 单击“计算器”窗口右上角的“关闭”按钮，则退出“计算器”应用程序。

实验二 Windows XP 控制面板的使用

一、实验目的

① 掌握“控制面板”的启动和退出。

② 了解“控制面板”常用工具的功能。

③ 掌握显示属性、时区、时间、日期、货币、数字样式等设置。

④ 了解键盘、鼠标、用户账户的设置。

⑤ 掌握打印机的添加与删除。

⑥ 掌握应用程序的安装、卸载。

二、实验内容

① 控制面板的启动与退出。

② 显示器设置。

③ 鼠标、键盘设置。

④ 调整日期和时间。

⑤ 区域和语言选项设置。

⑥ 用户账户管理。

⑦ 添加删除程序。

⑧ 打印机的安装。

三、实验步骤

1. 控制面板的启动与退出

“控制面板”是 Windows XP 进行硬件、软件工作环境配置的工具集。安装初始系统为默认设置值，即标准化配置，使用中用户可通过“控制面板”进行系统的配置更改维护。

单击“开始”按钮，从“开始”菜单中选择“控制面板”选项就可以打开“控制面板”窗口，在“我的电脑”按钮和“资源管理器”按钮中单击“控制面板”按钮也可以打开“控制面板”窗口。

在窗口的左边可通过“切换到分类视图”按钮和“切换到经典视图”按钮来切换窗口界面，如图 2-1 和 2-2 所示。

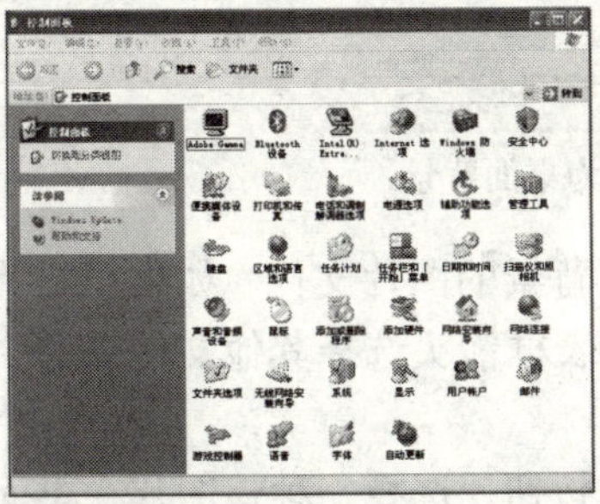

图 2-1　“控制面板经典视图”窗口

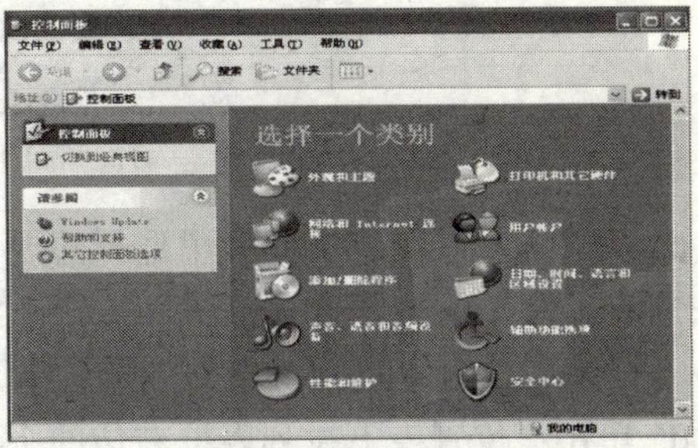

图 2-2　“控制面板分类视图”窗口

单击“文件”菜单中“关闭”命令；单击窗口标题栏左边打开“控制菜单”按钮，单击“关闭”按钮；双击窗口标题栏左边“控制菜单”图标；单击窗口标题栏右边的关闭按钮，都可退出“控制面板”。

2. 显示器的设置

在“控制面板经典视图”窗口中双击“显示”图标或右击桌面空白区域，打开如图 2-3 所示的“显示属性”对话框。在此对话框，可对系统的主题、桌面、窗口对象的颜色、字体等显示特性等进行设置。

例 1　把一幅自己喜欢的图片作为桌面背景，其操作可参照如下步骤：

a. 在“显示属性”对话框中打开“桌面”选项卡，如图 2-3 所示。

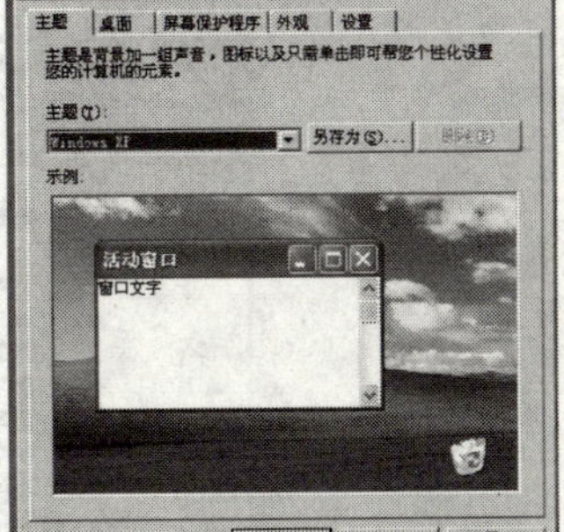

图 2-3　“显示属性”对话框

b. 单击其中的“浏览”按钮，打开如图 2-4 所示的对话框。要作为背景文件的图片已事先存放在了“我的文档”→“图片收藏”文件夹中。

图 2-4　选择一幅图片作为桌面背景

c. 从“图片收藏”文件夹里选择想要作为背景的图片文件。如果想要其他文件夹里的文件，单击“查找范围”按钮下拉列表框箭头选择其他文件夹的文件。单击“打开”按钮，返回“桌面”选项卡。

d. 单击“位置”下拉列表框右边的下箭头按钮，选择一种该图片在桌面中的位置，有“居中”、“拉伸”、“平铺”三种选项，选择其中一种选项。

e. 完成后单击“应用”按钮，所选择的图片就成为桌面背景了。

例 2　把自己喜欢的图片（包括自己的照片）作为屏幕保护，步骤如下：

a. 在硬盘上创建一个文件夹，取名为“屏幕保护”，把要作屏幕保护的图片复制到该文件夹中。

b. 在“显示属性”对话框中单击“屏幕保护程序”标签，打开“屏幕保护”选项卡。

c. 在“屏幕保护程序”选项组的下拉列表框中，选择“图片收藏幻灯片”选项。

d. 单击“设置”按钮，将弹出如图 2-5 所示的对话框。

e. 单击“使用该文件夹中的照片”文本框后面的“浏览”按钮，将弹出如图 2-6 所示的对话框。

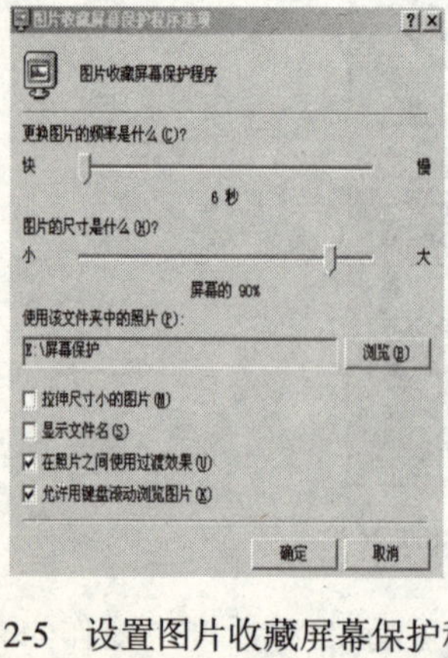

图 2-5　设置图片收藏屏幕保护程序

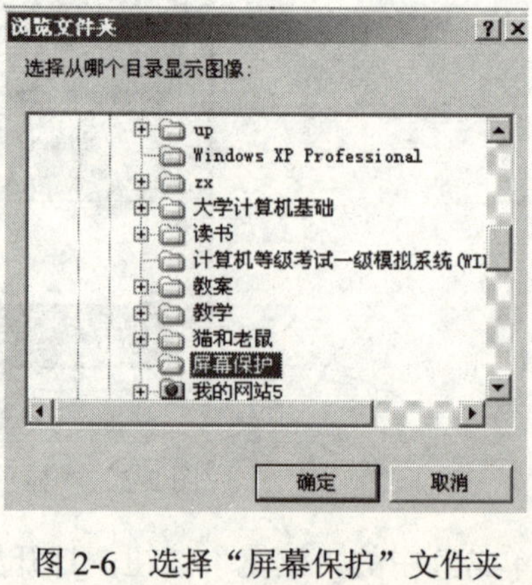

图 2-6　选择“屏幕保护”文件夹

f. 在此对话框中选择“屏幕保护”文件夹，然后单击“确定”按钮。

g. 单击“预览”按钮，可以看到这个屏幕保护程序的全屏效果。如果感到满意，单击“应用”按钮，即可将这些美丽的图片作为屏幕保护程序了。

3. 鼠标的设置

在“控制面板”窗口，双击“鼠标”图标，进入“鼠标属性”对话框，如图2-7 所示。在此对话框中可进行左/右手习惯的鼠标配置，双击速度、指针形状、移动速度等设置。

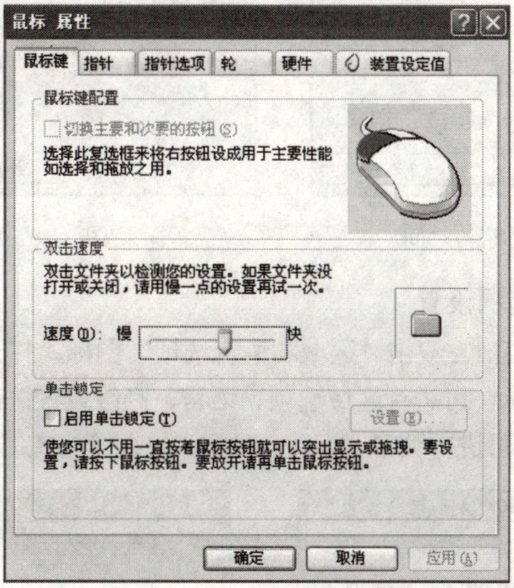

图 2-7　“鼠标属性”对话框

4. 键盘的设置

在“控制面板”窗口，双击“键盘”图标，进入“键盘属性”对话框，如图2-8 所示。在此对话框中可进行键盘的字符重复、光标闪烁速度等设置。

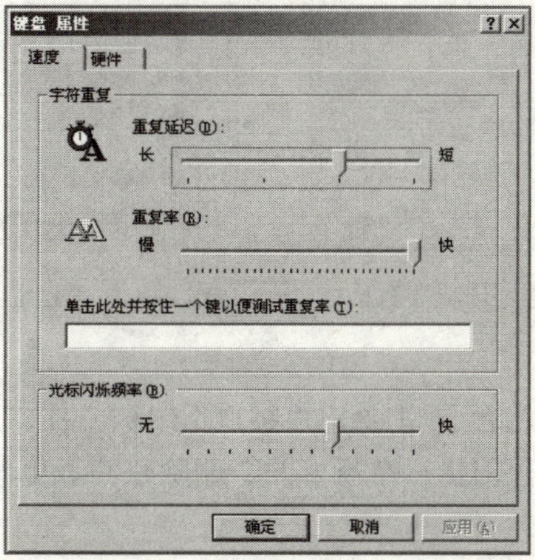

图 2-8　“键盘属性”对话框

5. 调整日期和时间

在“控制面板”窗口中，双击“日期和时间”图标，进入“日期和时间属性”对话框，在此对话框中，可进行时区、时间、日期的调整，如图 2-9 和 2-10 所示。

图 2-9 调整日期和时间

图 2-10 调整时区

6. 区域和语言选项设置

在“控制面板”窗口，双击“区域和语言选项”图标，打开“区域和语言选项”对话框，如图 2-11 所示，可进行区域选项、语言、高级设置；在“区域选项”功能卡单击“自定义”按钮，可进行数字、货币、时间、日期等格式的设置，如图 2-12 所示。

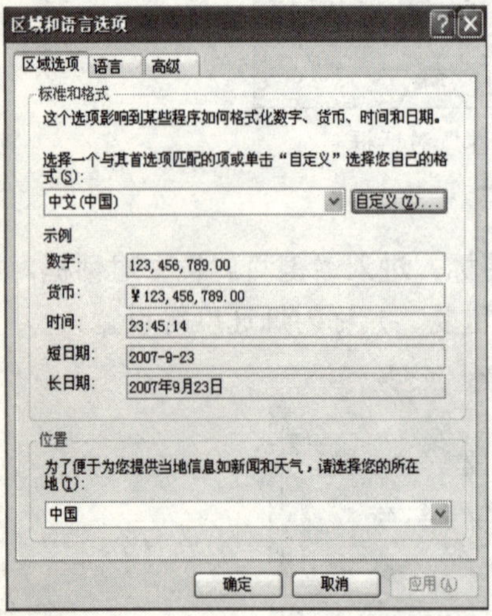

图 2-11 “区域和语言选项”对话框

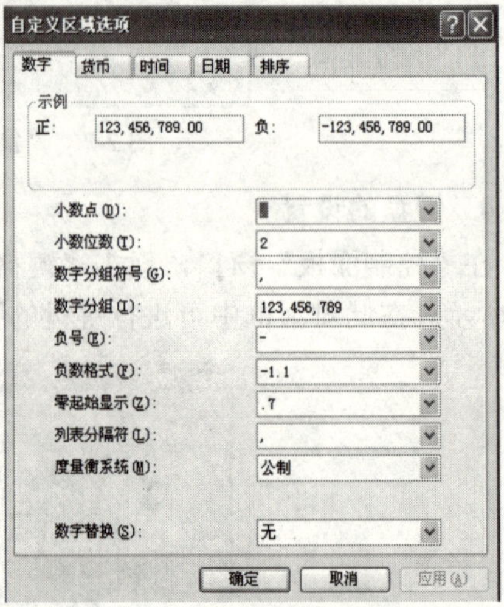

图 2-12 “自定义区域选项”对话框

7. 用户账户管理

在“控制面板”窗口，双击“用户账户”图标，打开“用户账户”对话框，如图 2-13 所示，可进行创建一个新账户、删除账户、更改账户、更改用户登录或注销的方式等操作。

例 3 添加新用户。

操作步骤如下：

a. 以管理员或 Administrators 组成员身份登录计算机，然后在“控制面板”中单击“用户账户”菜单项，打开如图 2-13 所示的“用户账户”对话框。

b. 在“挑选一项任务”下，单击“创建一个新账户”链接，即可显示如图 2-14 所示的“为新账户起名”对话框。

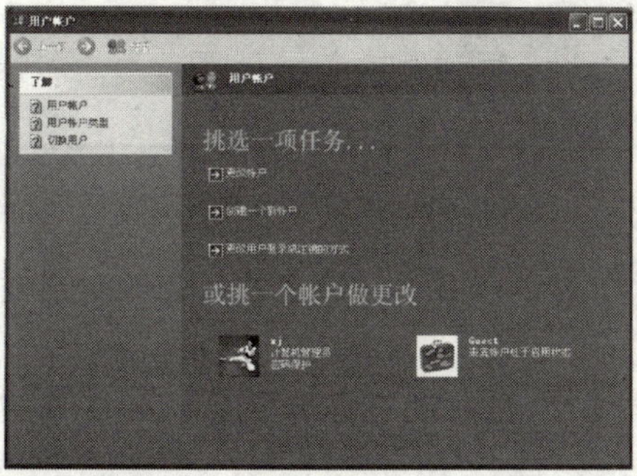

图 2-13 “用户账户”对话框

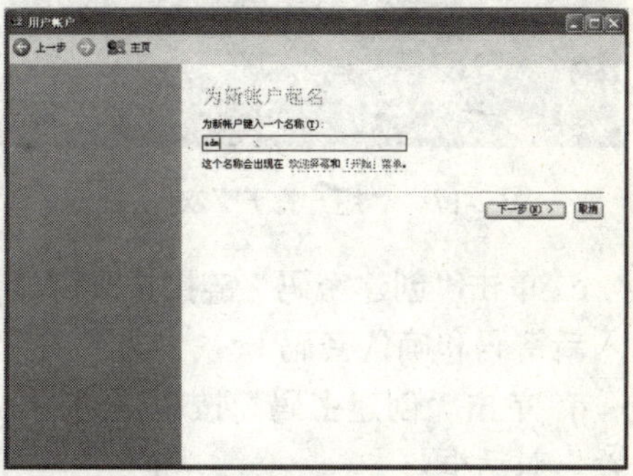

图 2-14 为新账户起名

c. 键入新用户名称 adm，单击“下一步”按钮，显示如图 2-15 所示的“挑选一个账户类型”对话框。账户类型有两种：计算机管理员和受限用户，选择其中一项。

d. 单击“创建”按钮，新的用户账户即可创建成功，如图 2-16 所示。

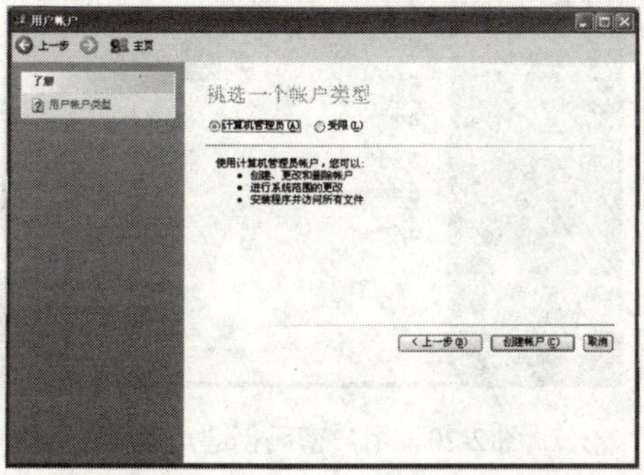

图 2-15 挑选一个账户类型

图 2-16 新账户创建成功

例 4 创建用户密码和修改密码。

操作步骤如下：

a. 以管理员或 Administrators 组成员身份登录计算机，然后在“控制面板”中单击“用户账户”菜单项，打开如图 2-17 所示的“用户账户”对话框。

b. 在“或挑选一个账户做更改”下，单击 adm（欲创建密码的账户名称）即可显示如图所示的“你想更改 adm 账户的什么？”对话框。在该对话框下，不仅可以为 adm 账户创建密码，还可以对该账户执行如下操作：更改名称、更改图片、更改账户类型、删除账户，如图 2-18 所示。

图 2-17 “用户账户”对话框

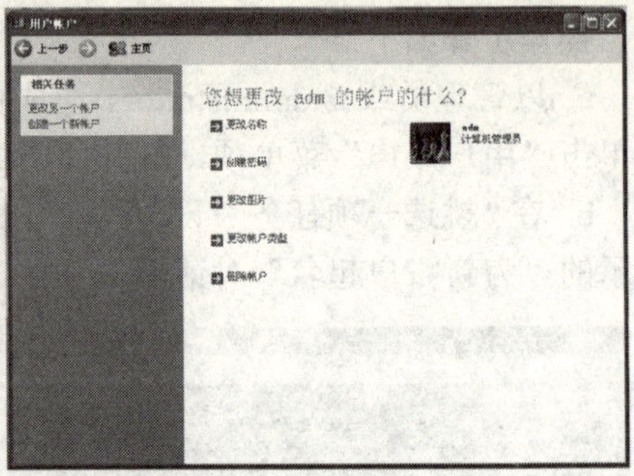

图 2-18 更改 adm 账户属性

c. 单击“创建密码”链接，即可显示如图 2-19 所示的对话框，在此对话框中输入新密码和确认密码。

d. 单击“创建密码”按钮，返回如图 2-20 所示的“你想更改 adm 账户的什么？”对话框。

e. 修改用户密码：

细心的读者可能会发现，为用户创建密码之后，在“你想更改 adm 账户的什么”对话框中多出了一项“修改密码”的内容。单击此链接，按照提示即可修改用户密码。

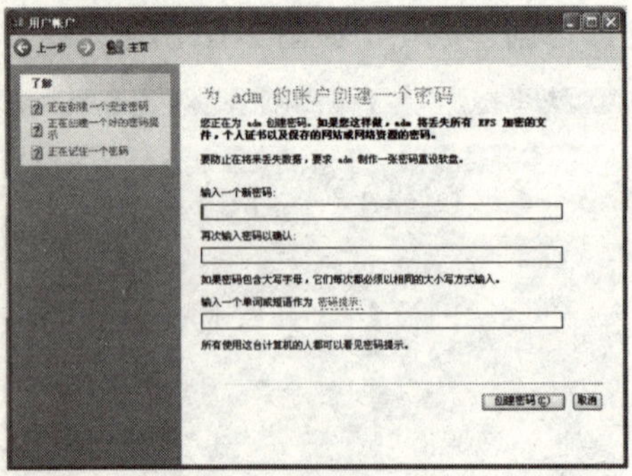

图 2-19 为 adm 的账户创建一个密码

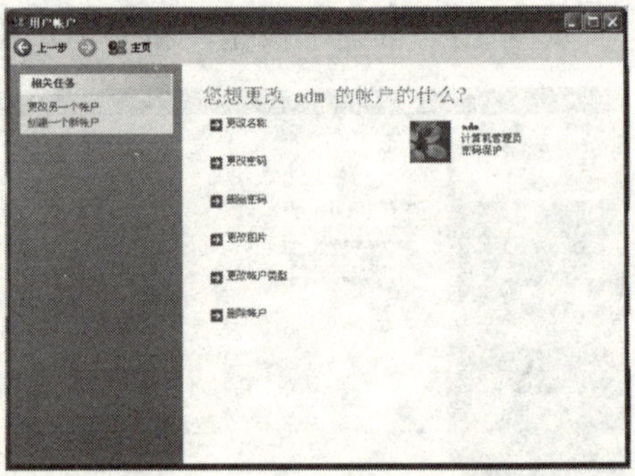

图 2-20 用户密码创建成功

8. 添加、删除程序

（1）安装应用程序

可以通过直接运行文件名为 setup.exe 或 install.exe 的安装文件来安装，也可以在“控制面板”窗口中双击“添加或删除程序”选项，打开“添加或删除程序”窗口，单击左边“添加新程序”按钮来完成安装。

例 5 用“添加或删除程序”安装应用程序。

操作步骤如下：

在“控制面板”窗口双击“添加或删除程序”图标，即进入“添加或删除程序”窗口，单击“添加新程序”按钮，如图 2-21（a）所示；单击“CD 或软盘”按钮，进入“从软盘或光盘安装程序”界面，如图 2-21（b）所示；插入要安装程序的第一张软盘或光盘，单击“下一步”按钮，系统将自动搜索安装文件，搜到安装文件，系统会在“运行安装文件”对话框的“打开”文本框显示安装文件，如果显示的不是用户安装文件，可单击“浏览”按钮，进行查找、选择，当“打开”文件输入正确的安装文件后，如图 2-21（c）所示，单击完成；系统即进行程序的安装；按提示回答或选择系统提问，即可完成安装。

（2）应用程序的删除

通过自带的卸载命令或使用 Windows XP 提供的添加删除程序工具两种方法来完成。

例 6　用添加删除程序工具删除应用程序。

操作步骤如下：

在“控制面板”窗口双击“添加或删除程序”图标，即进入“添加或删除程序”窗口，单击“更改或删除程序”按钮，如图 2-21（d）所示；在“当前安装的程序”列表中，选择要删除的程序，单击“删除”按钮，即完成删除。

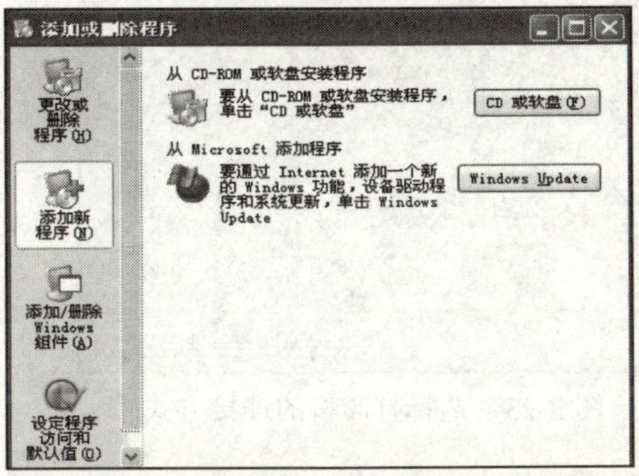

（a）

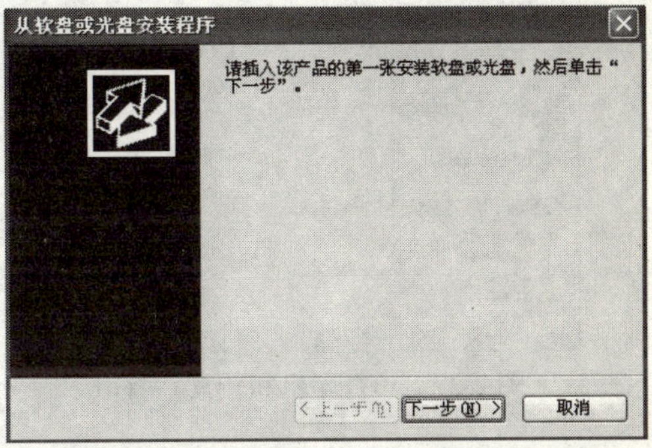

（b）

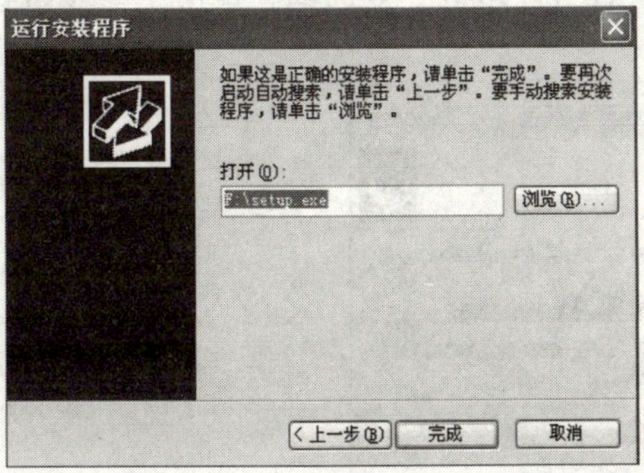

（c）

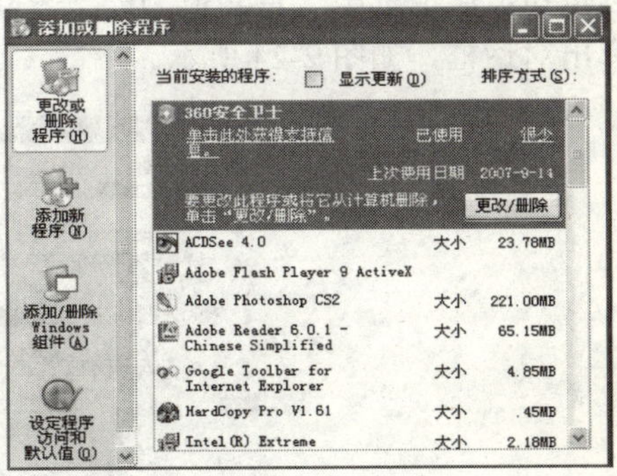

（d）

图 2-21　安装或删除应用程序窗口

9. 打印机的安装

安装打印机分硬件连接和安装驱动程序两部分。目前打印的连接端口多为传统的并口，也有 USB 接口的打印机，它们在安装时稍微有些区别。

如果使用的是 USB 打印机，那么用户只需在连接好 USB 数据线和打印机电源后，系统便会自动搜索并安装驱动程序。如果搜索不到，会弹出对话框要求用户指定启动程序的位置，此时用户只需插入驱动程序光盘，并指明驱动程序的路径，即可自动完成安装。如果使用的是传统的并口打印机，那么在安装打印机驱动程序之前，用户需要将打印机的数据线连接在计算机的 LPT1 并行口上，然后接通电源打开打印机。接下来的操作步骤如下：

a. 单击“开始”→“打印机和传真”命令，或者在“控制面板”窗口中，双击“打印机和传真”图标，打开“打印机和传真”窗口，选择“文件”→“添加打印机”命令，如图 2-22 所示。

b. 弹出“欢迎添加打印机向导”对话框，直接单击“下一步”按钮。

c. 弹出如图 2-23 所示的对话框，用户选择以哪种方式连接打印机。

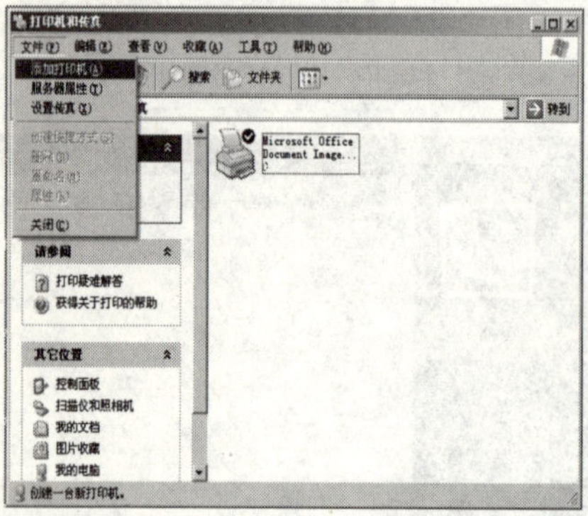

图 2-22　“打印机和传真”窗口

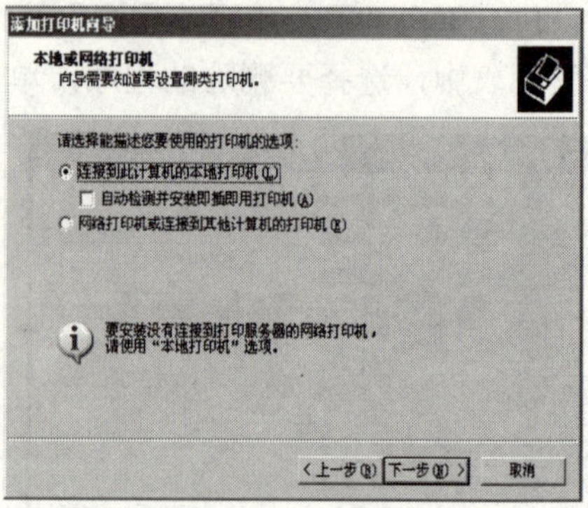

图 2-23　选择打印机的连接方式

d. 这里介绍安装本地打印机，因此选中“连接到此计算机的本地打印机”单选按钮，取消选中“自动检测并安装即插即用打印机”复选框。单击下一步按钮弹出对话框，如图 2-24 所示。

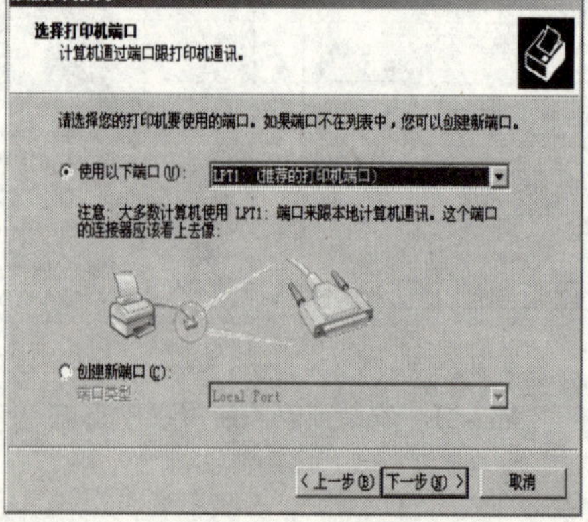

图 2-24　选择端口

目前打印机基本都是即插即用打印机，所以可以选中“自动检测并安装即插即用打印机”复选框，这样系统将自动检测打印机的型号、连接端口等，并自动搜寻、安装它的驱动程序。如果找不到，将会弹出一个对话框，要求用户指定驱动程序所在的位置。

e. 选中“使用以下端口”单选按钮，在后面的下拉列表框中选择“LPT1:（推荐的打印机端口）”选项。然后单击“下一步”按钮，对话框如图 2-25 所示，要求用户选择打印机的型号。

f. 根据所安装打印机的厂商和型号选取，然后单击“从磁盘安装”按钮，弹出从磁盘安装窗口，如图 2-26 所示。

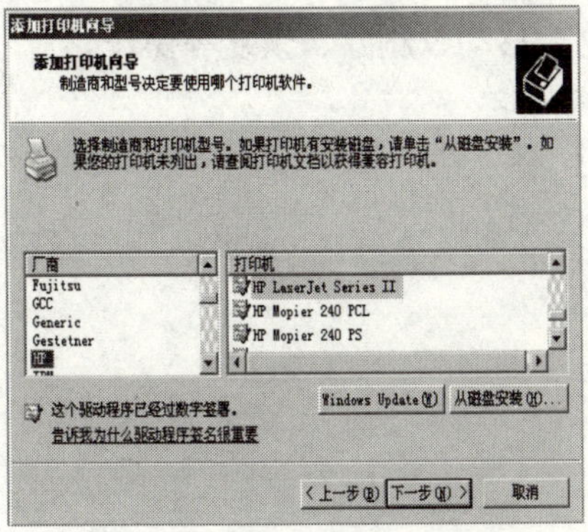

图 2-25 选择打印机的厂商和型号

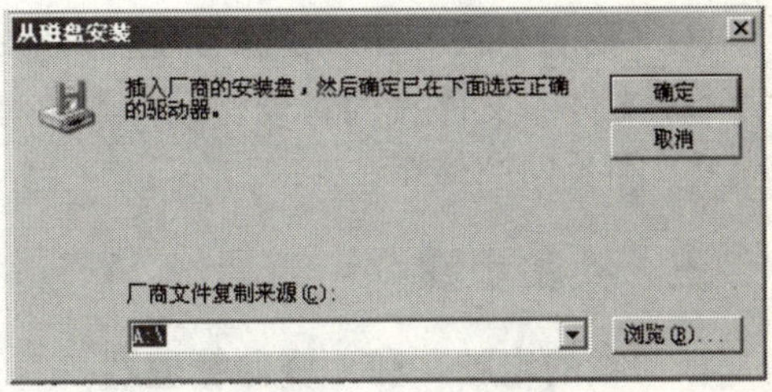

图 2-26 从磁盘安装窗口

g. 把安装光盘放入光驱，单击“浏览”按钮，选择驱动程序所在的位置如图 2-27 所示，再按向导提示操作，最后提示“您已成功地完成了添加打印机向导”，并给出打印机的设置信息，此时如果需要更改，可一直单击“上一步”按钮完成更改信息，如果确认打印机设置信息正确后，则单击“完成”按钮，系统复制打印机驱动程序文件，即完成安装。

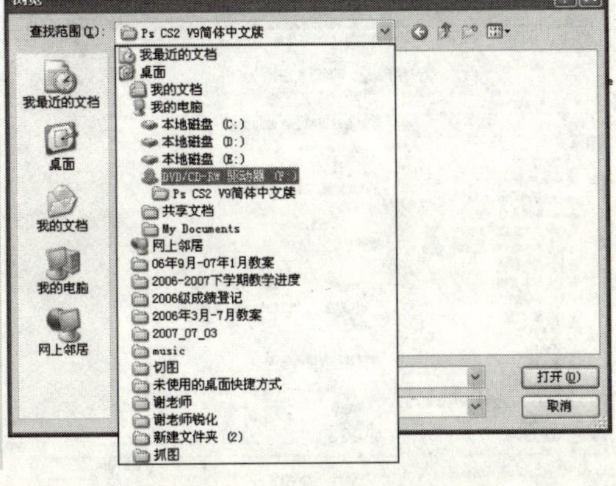

图 2-27 “浏览”窗口选择驱动程序所在的位置

实验三 Windows XP文件管理

一、实验目的

① 了解文件及文件夹的概念。

② 掌握“我的电脑”及“资源管理器”的基本操作。

③ 掌握文件及文件夹的浏览。

④ 熟练掌握文件及文件夹的建立、复制、移动、删除、恢复等操作。

二、实验内容

①“我的电脑”和“资源管理器”。

② 文件、文件夹的管理。

③ 回收站的使用。

三、实验步骤

1. “我的电脑”和“资源管理器”

（1）“资源管理器”

“资源管理器”是windows XP系统中一个常用的文件管理应用程序。启动“资源管理器”的方法有：

a. 单击“开始”→“程序”→“附件”→“Windows 资源管理器”。

b. 右键单击“开始”→“资源管理器”。

c. 右键单击桌面上“我的电脑”→“资源管理器”。

即可打开“资源管理器”窗口，如图3-1所示。左边窗格显示计算机资源结

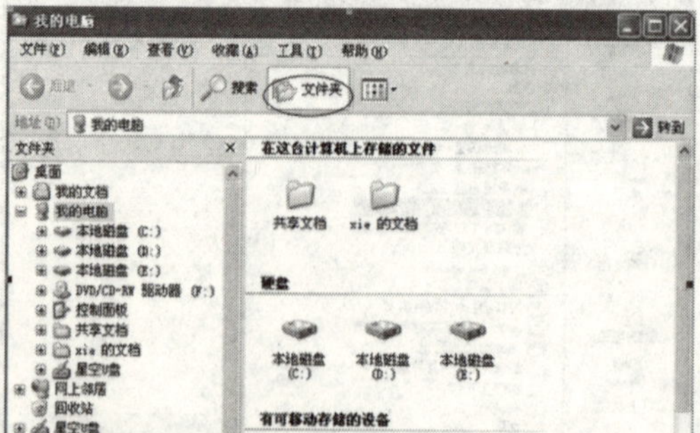

图 3-1 “Windows 资源管理器”窗口

构，单击其中的驱动器、文件夹前“＋”号方框，可展开下层文件夹，单击驱动器、文件夹前“－”号方框，可使文件夹折叠。单击选定左窗格中驱动器或文件夹，可在右窗格区显示选定的驱动器或文件夹中的文件及下层文件夹。

单击图 3-1 左窗格“文件夹”列表框标题栏右侧的☒按钮或工具栏上的“文件夹”图标，即可关闭“文件夹”列表的显示，并出现任务列表，如图 3-2 所示。再次单击工具栏上的“文件夹”图标，或者单击“查看”→“浏览器栏”→“文件夹”命令则可关闭任务列表，并打开“文件夹”列表，如图 3-3 所示。

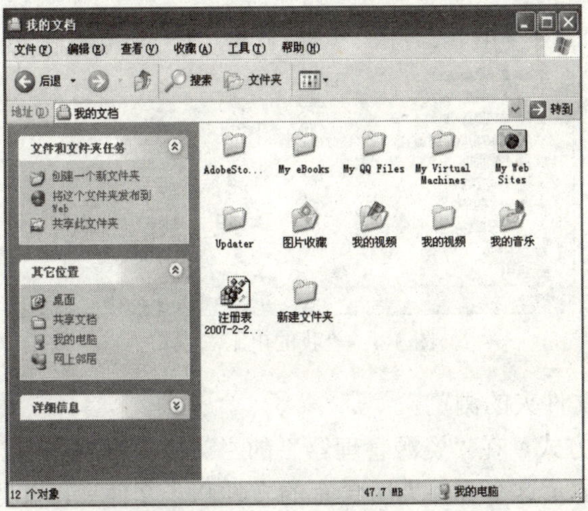

图 3-2　任务列表

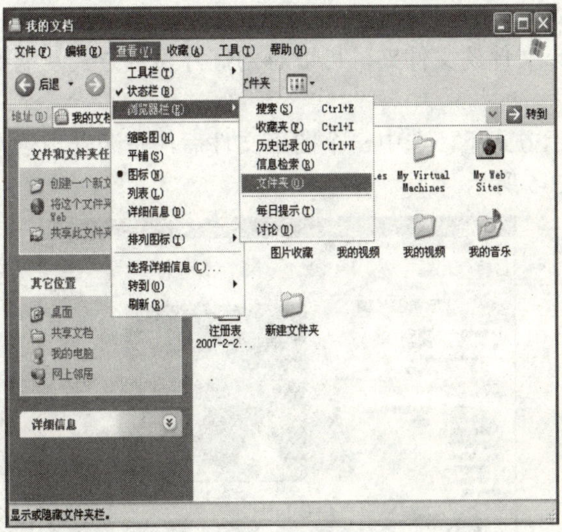

图 3-3　打开“文件夹”列表

（2）“我的电脑”

“我的电脑”是 windows XP 系统中另一个常用的文件管理应用程序。

在桌面上双击“我的电脑”图标即可打开“我的电脑”窗口，通过单击工具栏中的“文件夹”图标，即可与“资源管理器”窗口一样有左、右两个窗格显示区，如图 3-4 所示。

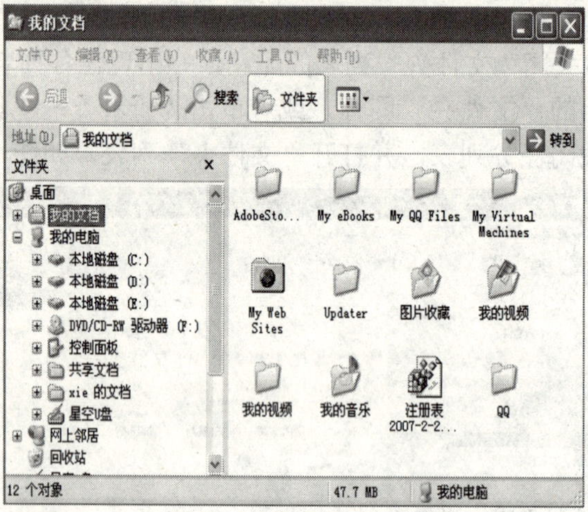

图 3-4 “我的电脑”窗口

（3）文件及文件夹的浏览

a. 图标显示方式。在“资源管理器”的“文件夹”列表中，单击选中一个文件夹，将在右边显示这个文件夹所含有的文件和子文件夹，并且一般可以有缩略图、平铺、图标、列表、详细信息五种显示方式，单击“查看”，然后单击对应选项可改变显示方式。

对于内含图形文件的文件夹，可以有幻灯片显示方式，能更方便地查看图形文件的图像。

在幻灯片显示方式下，选中一个图形文件后，资源管理器就会显示出该图形的缩略图，如图 3-5 所示。

图 3-5 图形文件的幻灯片显示方式

如果想对整个文件夹的内容有一个总体的了解，可以选用缩略图显示方式，如图 3-6 所示。

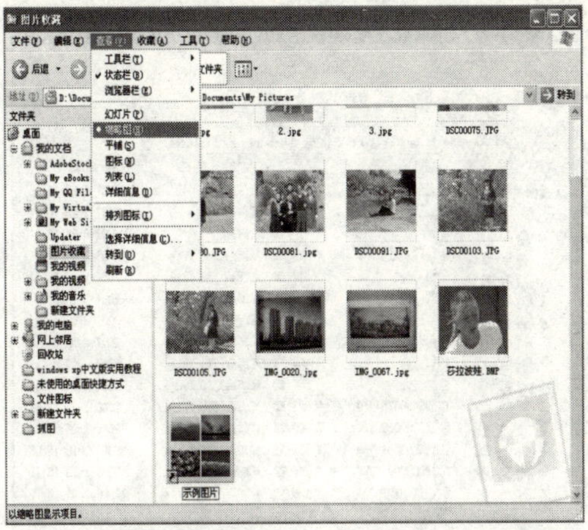

图 3-6　缩略图显示方式

如想尽可能多地显示文件和文件夹，可选用列表显示方式。如想更详细地查看和比较文件的信息，比如大小、建立时间和类型等，这时选择详细信息显示方式会让文件的这些信息一目了然，文件详细信息项目所显示的宽度还可以通过用鼠标拖动文件列表的标题栏的分隔线来完成。

无论以什么方式显示文件列表，只要选中文件，状态栏中就会自动显示出该文件的一部分信息。

b. 图标排列方式。窗口中的图标可按名称、类型、大小、修改时间等方式排列，单击“查看”，指向“排列图标”，单击需要的排列方式，可按需要重排图标，如图 3-7 所示。

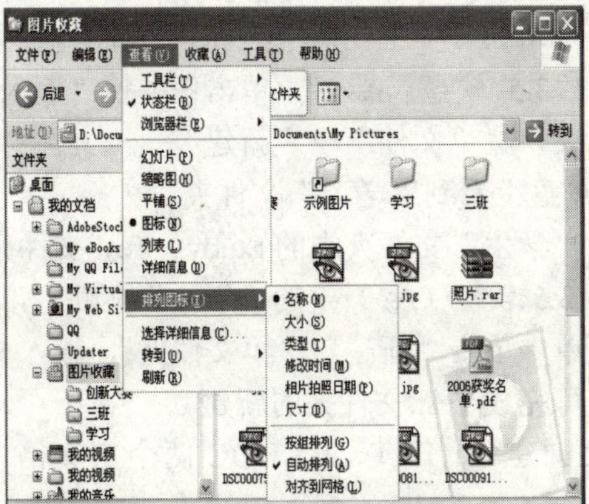

图 3-7　选择图标排列方式

c. 图标的排序。图标按“详细资料”显示，单击名称、大小、类型、修改时间标题名称，即可按选择名称项实现排序，如图 3-8 所示。

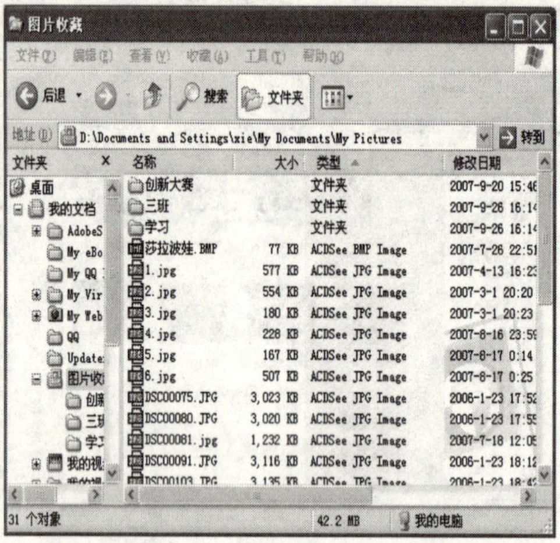

图 3-8 图标“详细资料”显示方式

2. 文件、文件夹的管理

文件、文件夹的常见操作有新建、复制、移动、更名、删除等，而每一种操作又有多种方法，以下给出部分操作的实例。

（1）新建文件和文件夹

用户可以在任意一个文件夹里直接创建一个新的文件夹或各类型的文件，文件夹用来存放具有相同类型或相近形式的文件。

例 1 在 A 盘上新建“学习”、“学生”两个文件夹，再在“学习”文件夹中创建 Study、Test 两个文件夹。操作提示如下：

右键单击“开始”按钮，单击“资源管理器”按钮，启动资源管理器。

用菜单法创建“学习”、“学生”两个文件夹：在“资源管理器”窗口左边窗格的树目录中，选择“3.5 软盘（A:）”，单击任务栏“输入法”选择按钮，选定需要的输入法，单击菜单栏“文件”→“新建”→“文件夹”，输入“学习”，按“回车”键，即可在 A 盘上看到“学习”文件夹。

用右击键法创建“学生”文件夹中的 Study、Test 文件夹：在“资源管理器”窗口树目录中，选择 3.5 软盘（A:）下的“学生”文件夹，右键单击窗口右区空白处，弹出的快捷菜单中单击“新建”→“文件夹”，输入 Study，单击空白处完成。用相同的方法，可完成 Test 文件夹的新建。

例 2 在 A 盘上创建 A1.TXT、B1.DOC 两个空文档。操作提示（用右键法）如下：

在“资源管理器”窗口树目录中，选择 3.5 软盘（A:），右键单击窗口右区空白处，弹出的快捷菜单中单击“新建”→“文本文档”，输入 A1.TXT 单击空白处完成，可在 A 盘看见此文档。用相似方法，在“新建”中选择“Microsoft Word”文档可完成 B1.DOC 文档的建立。

（2）文件、文件夹的更名

更改文件和文件夹名称的操作步骤如下：

a. 单击选定要更改名称的文件或文件夹。

b. 单击“文件和文件夹任务”列表中的“重命名这个文件夹”选项，或者右键单击要更改名称的文件和文件夹，在弹出的快捷菜单中单击“重命名”。

c. 选定的文件或文件夹图标的标示文字将被黑框框住。

d. 输入需要更改的文件名后，按 Enter 键或单击其他地方即可。

例 3　将 A 盘上的 A1.TXT 文件更名为 A1.HLP。操作提示如下：

在“资源管理器”窗口树目录中，选择 3.5 软盘（A:），在窗格右区选定 A1.TXT 文件，单击工具栏“文件夹”图标，即关闭“文件夹”列表，切换成“文件和文件夹任务”状态，单击“文件和文件夹任务”列表中的“重命名这个文件”选项，如图 3-9 左图所示，或者右键单击 A1.TXT，在弹出的快捷菜单中单击“重命名”，如图 3-9 右图所示，输入 Student，按“回车”键完成。

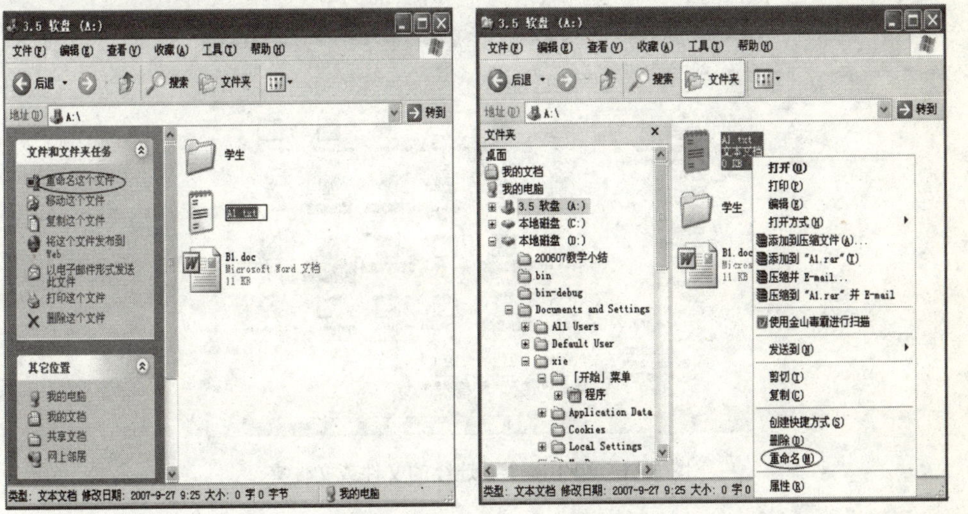

图 3-9　更改文件和文件夹的名称

例 4　用同样的方法将 A 盘上的“学生”文件夹更名为 Student。（略）

（3）文件与文件夹的复制和移动

在对文件和文件夹进行复制、移动、改名和删除等操作时，首先要选定需要操作的对象，选定对象后才能对其进行操作。

选定文件或文件夹的方法如下：

a. 选取单个文件：单击即可选定该文件或文件夹。

b. 选取多个连续的文件：单击第一个文件，然后按住 Shift 键并单击最后一个文件，中间多个连续的文件将被选中，如图 3-10 所示。

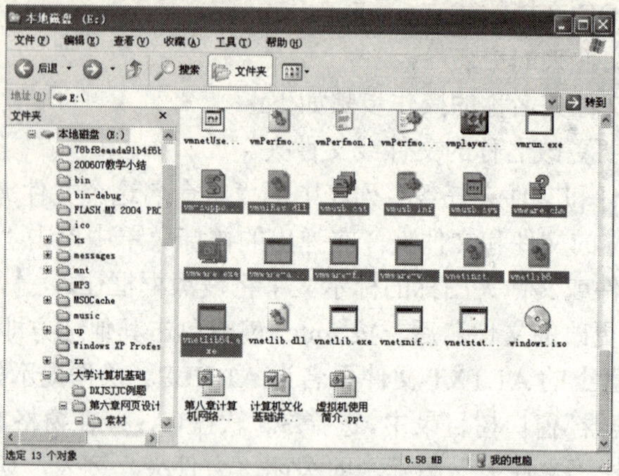

图 3-10　选中多个连续的文件或文件夹

c. 选取多个不连续的文件：按住 Ctrl 键不放，并逐个单击所选对象，多个不连续的文件或文件夹即可被选中，如图 3-11 所示。

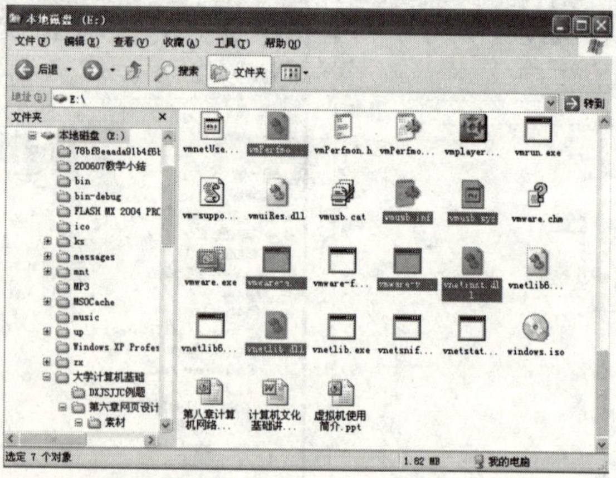

图 3-11　选中多个不连续的文件或文件夹

d. Ctrl＋A 组合键可进行全选

在已选取的文件中按住 Ctrl 键再次单击，可取消对该文件的选取。

例 5　将 D 盘 Bird 文件夹中的 111.MP3 文件复制或移动到目的文件夹。

对文件、文件夹的复制和移动，有很多操作方法，除了教材讲的利用任务列表和拖动法外，这里用右键拖动法，操作如下：

使用鼠标右键把选中的文件拖放到目的地，然后从弹出的菜单中选择进行复制或移动操作，如图 3-12 所示，即可将 111.MP3 文件复制或者移动到目的文件夹。

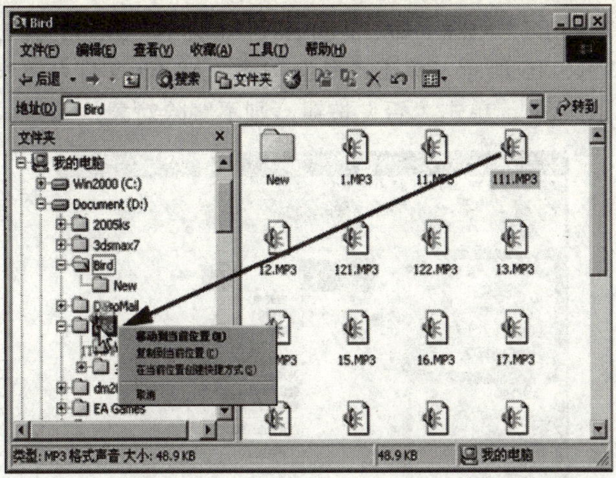

图 3-12　右键拖放复制或移动 111.MP3 文件到目的文件夹

（4）用发送法将文件及文件夹复制到软盘或 U 盘上

选定源文件（夹）组，右键单击选定对象，快捷菜单中指向“发送到”，单击“3.5 软盘（A:）”或 U 盘，如图 3-13 所示。即可将选定的文件夹 music 复制到软盘或 U 盘上。

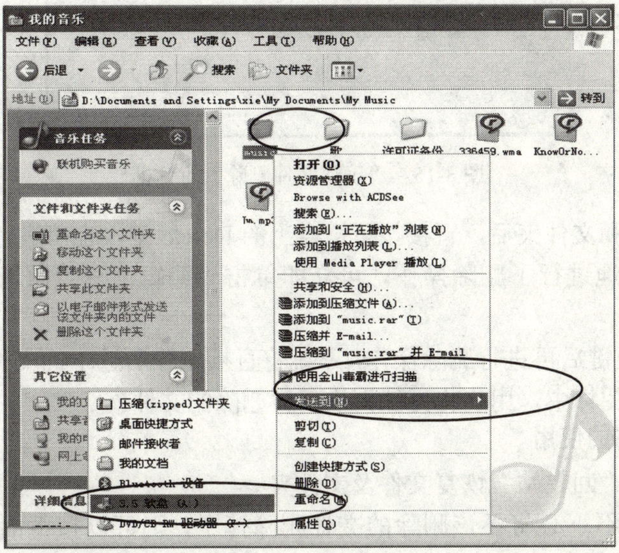

图 3-13　右键发送文件、文件夹到软盘或 U 盘上

（5）文件、文件夹的删除

例 6　删除 A 盘上的“A1.txt”文件及“学生”文件夹。操作如下：

在“资源管理器”窗口中选定 A1.txt 文件及“学生”文件夹，右击弹出一快捷菜单，单击菜单中的“删除”命令，如图 3-14 所示。此时将弹出“确认文件删除”对话框，如图 3-15 所示。单击“是”按钮，A1.txt 文件及“学生”文件夹被放入“回收站”图标中，单击“否”按钮，则不删除对象。

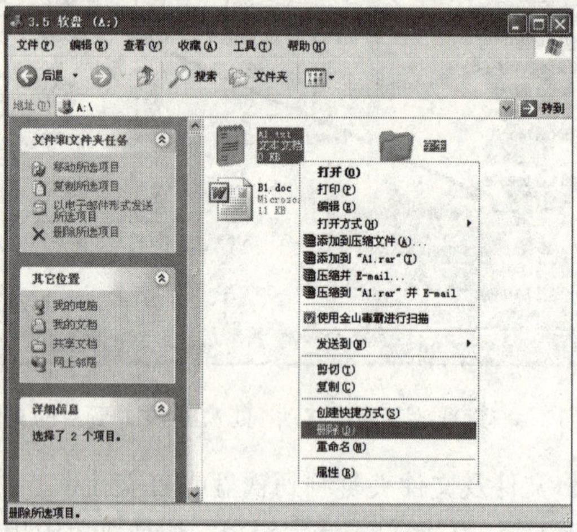

图 3-14　右击文件弹出的快捷菜单

图 3-15　“确认文件删除”对话框

选中文件和文件夹后，直接按下键盘上的 Delete 键，也可进行删除操作。

如果错误地进行了删除操作，可立即单击“编辑”→“撤消删除”命令来取消删除操作。

按下 Shift 键后再进行删除操作，系统将直接删除所选中的文件，并不将其放入“回收站”图标中，用户将无法再恢复被删除的文件。

3. 回收站的使用

（1）利用“回收站”恢复文件及文件夹

如果用户不小心将不该删除的文件删除掉了，则可以按下面的方法进行恢复：

a. 双击桌面上的“回收站”图标，也可以在“文件夹”列表框中单击“回收站”图标，打开“回收站”窗口，并查看其中的内容，如图 3-16 所示。

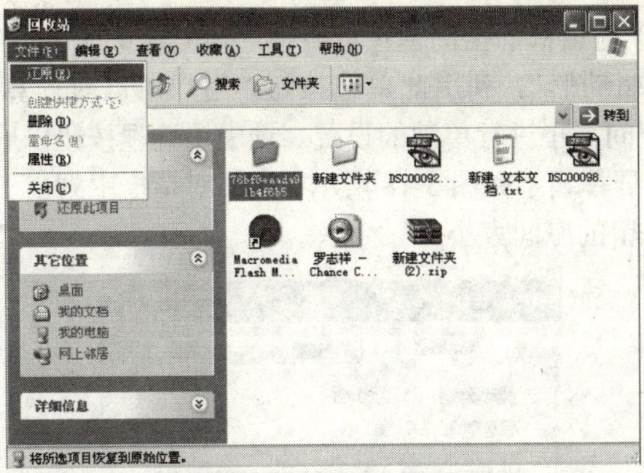

图 3-16　在“回收站”窗口中恢复删除的文件

b. 选中要恢复的文件或文件夹。

c. 然后单击“文件”→“还原”命令，文件就恢复到了原来的位置。

（2）清理回收站

打开“回收站”查看内容，选择不需要再恢复的文件，并进行删除操作来清除它们，这样就永久地删除了文件，释放了这些文件所占用的磁盘空间。但同时这些文件和文件夹将永远地从计算机中消失，用户将不再有机会来恢复它们。

也可以在打开的回收站中直接单击“文件”→“清空回收站”命令，这样就把回收站中所有文件彻底删除了。

（3）更改回收站的属性

回收站占据了本地磁盘空间的一部分，默认值是磁盘驱动器总大小的 10%，但可以通过改变回收站的属性来改变其大小。操作方法如下：

右击“回收站”图标选择“属性”命令，打开“回收站属性”对话框，如图 3-17 所示。

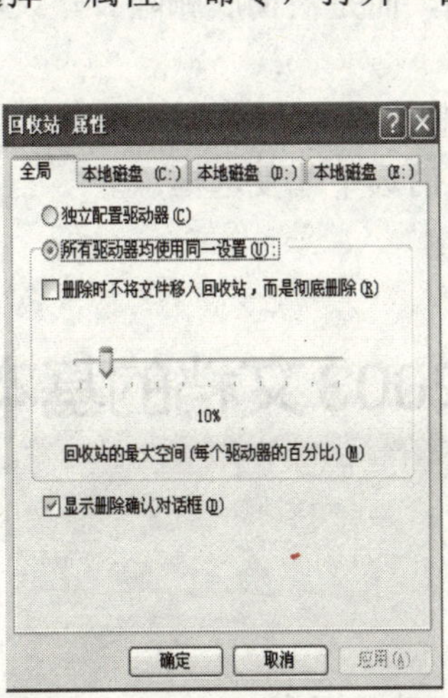

图 3-17　“回收站属性”对话框

“回收站属性”对话框的全局选项卡中各选项的意义如下：

a.“独立配置驱动器”：利用此单选按钮，用户可以对计算机中各硬盘驱动器的“回收站”空间大小进行单独的设置。选中该选项按钮以后，单击对话框的各驱动器选项卡，屏幕显示如图 3-18 所示。在此对话框中列出了当前驱动器的空间大小和回收站保留的空间大小。

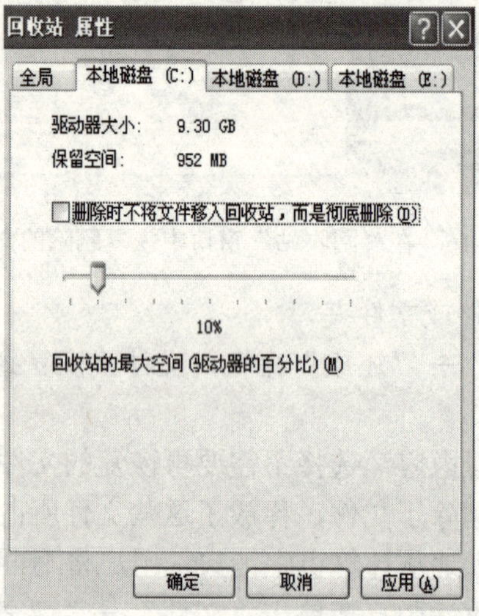

图 3-18　选中硬盘驱动器后的“回收站属性”对话框

b.“所有驱动器均使用同一设置”：选中该选项按钮，则系统中所有的硬盘驱动器均将使用当前选项卡中的回收站空间的百分比设置。

c.“删除时不将文件移入回收站，而是彻底删除”：选中该复选框，则删除的所有文件都将不进入回收站，而是被彻底删除。建议用户在使用过程中不要选中该复选框。

d.“显示删除确认对话框”：取消选中此复选框后，在进行删除操作时将不弹出提示对话框。建议不要取消选中此复选框。

实验四　Word 2003 文档的基本操作

一、实验目的

① 掌握 Word 2003 的启动和退出。

② 掌握文档的建立、保存与打开。

③ 熟练掌握 Word 文档的编辑操作。

二、实验内容

根据图 4-1 所示，建立 Word 文档“关于举行 2007 年冬季运动会的通知.doc”。

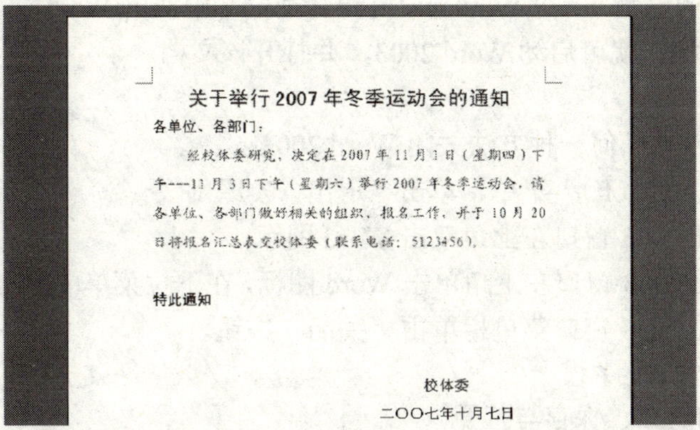

关于举行 2007 年冬季运动会的通知

各单位、各部门：

经校体委研究，决定在 2007 年 11 月 1 日（星期四）下午---11 月 3 日下午（星期六）举行 2007 年冬季运动会，请各单位、各部门做好相关的组织、报名工作，并于 10 月 20 日将报名汇总表交校体委（联系电话：5123456）。

特此通知

校体委

二OO七年十月七日

图 4-1　“关于举行 2007 年冬季运动会的通知”的预览界面

三、实验步骤

1. 掌握 Word 2003 的启动和退出

（1）启动

可以选择以下任何一种方法来启动 Word 2003，都可弹出如图 4-2 所示的窗口。

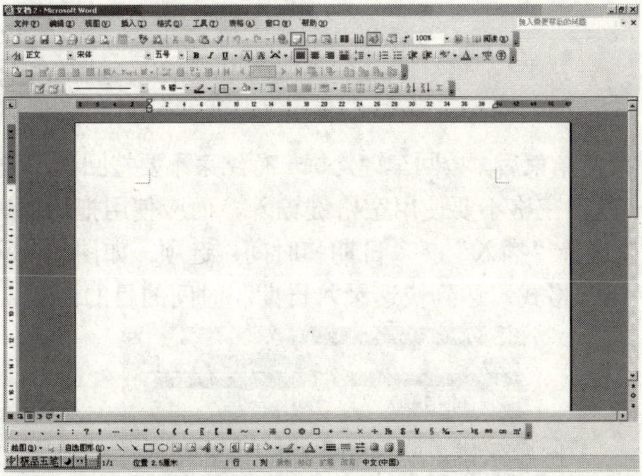

图 4-2　Word 2003 的窗口

a. 在“开始”→“程序”→“Microsoft Office 2003”菜单中找到 Microsoft Office Word 2003 等选项，再单击 Microsoft Office Word 2003，就可以启动 Word 2003。

b. 在桌面上双击”Microsoft Office Word 2003”的快捷图标。

c. 在桌面上点击鼠标右键，在弹出的菜单中选择“新建”→“Microsoft Word 文档”。

d. 单击“开始”→“运行”，在“运行”对话框中输入或通过“浏览”按钮找到 Word 2003 的安装的路径和应用文件，再单击“确定”，就可以启动 Word 2003。

e. 在“我的电脑”或“Windows 资源管理器”中双击 Word 文档（扩展名为“.DOC”）的图标，就可启动 Word 2003，并打开该文档。

（2）关闭

可以选择以下任何一种方法关闭 Word 2003：

a. 打开“文件（F）”菜单，单击“退出（X）”命令。

b. 在 Word 2003 窗口左上角双击 Word 图示。

c. 在 Word 2003 窗口左上角单击 Word 图标，在下拉菜单中单击“关闭（C）”。

d. 在 Word 2003 窗口菜单栏单击“关闭”按钮。

e. 按快捷键 Alt+F4。

2. 文档的建立、保存与打开

例 1 根据题目要求输入以下的文字：

关于举行 2007 年冬季运动会的通知

各单位、各部门：

经校体委研究，决定在 2007 年 11 月 1 日（星期四）——11 月 3 日下午（星期六）举行 2007 年冬季运动会，请各单位、各部门做好相关的组织、报名工作，并于 10 月 10 日将报名汇总表交校体委（联系电话：5188888）。

特此通知

校体委

二OO七年十月七日

操作提示：

i. 每一自然段落结束后，按回车键，每一行结束不要按回车，这样有利于排版。

ii. 输入时，段首空格不要使用空格键输入，而应使用拖动缩进按钮控制。

iii. 日期可以选择“插入”→“日期和时间”选项，如图 4-3 所示，来选择输入中英文的日期时间格式，达到快速录入日期和时间的目的。

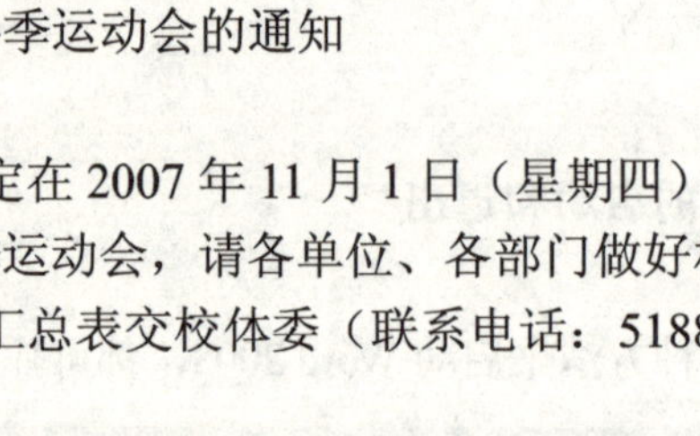

图 4-3 “插入”→“日期和时间”对话框

（1）保存文档

输入文字后，选择“文件”→“保存”，或单击工具栏中的“保存”按钮，或按快捷键 Ctrl+S，系统会弹出“另存为”对话框，如图 4-4 所示。在“保存位置”选择将要保存的盘符和文件夹。Word 文档会将文档第一行第一个符号前的文字作为文件名，也可以在“文件名”后输入需要的文件名；在“保存类型”后面系统默认为“Word 文档”，用户也可以单击下拉列表框中的选项来改变保存的类型，这里选择默认方式。单击“保存”按钮后，我们就在相应的文件夹中保存了“关于举行 2007 年冬季运动会的通知.doc”文件。

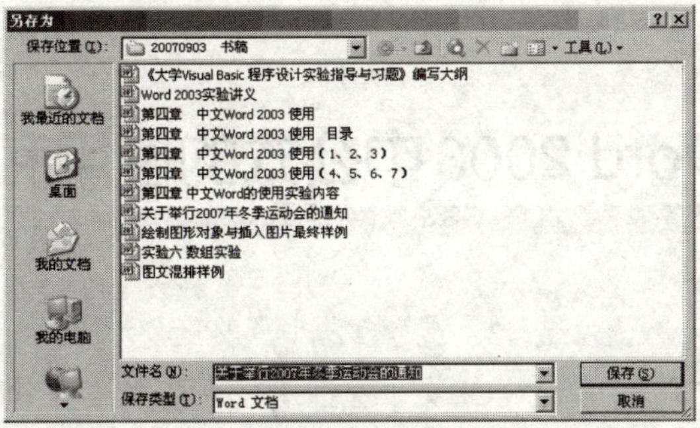

图 4-4　“另存为”对话框

（2）将文档以同名文件保存在软盘、U 盘上

操作方法：将软盘放入驱动器中（或插入 U 盘），执行“文件”→“另存为”命令，在“另存为”对话框的“保存位置”选择 A 盘（或 U 盘所在盘符），然后按“保存”按钮。

（3）打开文档

选择“文件”→“打开”，或工具栏上“打开”按钮，或快捷键 Ctrl+O，系统就会弹出“打开”对话框，用户根据需要选择文档所在的盘符、文件夹、文件名，单击“打开”就可以打开选中的文档。

3. 熟练掌握 Word 文档的编辑操作

a. Word 文档的编辑包括对文本内容的选定、复制、移动、增删和改字等操作。操作要点如下：

i. 将文档中“(星期四)”后面插入“下午”，将日期“10 月 10 日”改为“10 月 20 日”。

b. 对 Word 文档进行排版。内容如下：

i. 选中标题行，并设置为“二号”、“黑体”、“居中”；

ii. 选中第一自然段，并设置为：“三号”、“宋体”、“两端对齐”、“段前为 0.5 行”、“段后为 0.5 行”（在“格式”→“段落”中设置）；

iii. 选中第二自然段，并设置为：“三号”、“楷体”、“首行缩进”；

iv. 选中“特此通知”，并设置为：“三号”、“黑体”、“段前为 1 行”、“段后为 2 行”；

v. 选中后两行，并设置为：“三号”、“宋体”、“首行缩进”移动到 20、“居中”。

四、选做题

1．根据“日历向导”创建 2008 年的日历。

2．根据论文向导创建“毕业论文”文档。

实验五　Word 2003 中公式的使用和表格制作

一、实验目的

① 掌握公式编辑器的使用。

② 熟悉表格的建立及内容的输入、编辑、格式化。

③ 学会由表格生成图表。

二、实验内容

① 输入数学公式：

$$x_{1,2}=\frac{-b\pm\sqrt{b^2-4ac}}{2a}$$

② 建立表格：

学生成绩表

科目 / 姓名	数学	语文	英语
李明	65	78	68
张立伟	86	89	92
杨伟	96	78	65
高红波	75	90	85

三、实验步骤

1. 公式编辑器的使用

建立输入数学公式：

$$x_{1,2}=\frac{-b\pm\sqrt{b^2-4ac}}{2a}$$

操作提示：

建立 Word 文档，并取名为“公式.doc”。

操作步骤如下：

a. 选择“插入”→“对象”，在弹出的“插入对象”对话框中，找到“Microsoft 公式 3.0”选项并选择，单击“确定”打开数学公式编辑器。

b. 在公式编辑框内输入：“x”。

c. 单击第二行第三列“下标和上标模板”按钮，单击第一行第二列模板，输入：“1，2”。

d. 按 Tab 键，输入“=”。单击第二行第二列“分式和根式模板”，单击第一行第一列模板，输入“-b”。

e. 单击第一行第四列“运算符号”，单击第一行第一列模板，输入“±”。

f. 单击第二行第二列“分式和根式模板”，单击第四行第一列模板，输入“b”。

g. 单击第二行第三列“下标和上标模板”按钮，单击第一行第一列模板，输入“2”。

h. 按 Tab 键，输入“-4ac”。

i. 按两次 Tab 键，输入“2a”。

j. 单击公式编辑器外的任意一点或按 Esc 键可结束公式的输入。

2. 表格的建立及内容的输入、编辑、格式化

操作提示：

建立 Word 文档，并取名为“学生成绩表.doc”。

a. 建立表格。对表格进行分析，可以知道表格是由 5 行 4 列组成。该表格的建立可通过下面三种方法：

方法 1，使用“常用”工具栏中的“插入表格”按钮，根据需要拖曳出行和列数；

方法 2，通过“表格”→“插入表格”菜单命令，在其对话框输入所需的行和列数；

方法 3，通过“表格和边框”工具栏中的绘制表格按钮直接绘制自由表格。

b. 表格创建完毕后，单击其中的单元格，便可键入文字或插入图形等对象。

c. 表格的编辑。包括添加或删除行和列、修改行高和列宽、合并单元格等。

操作提示：

在“英语”右边插入一列，列标题为“平均分”；

在表格的最后增加一行，行标题为“各科平均”，并计算各科的平均分（保留一位小数）。

选中标题和表格，并设置为“居中”，可以使标题和表格居中排列；

选中表格中的单元格，并设置对齐方式；

要计算平均分，首先将插入点定位在要放平均分的单元格，选择“表格”→“公式”命令，在其对话框中进行函数、格式设置。如图 5-1 所示为计算第一位学生“李明”的平均分的对话框设置。图中公式也可改为“=AVERAGE(b2,c2,d2)”，其结果是一样的。求每个学生的平均分，必须重复上述操作。

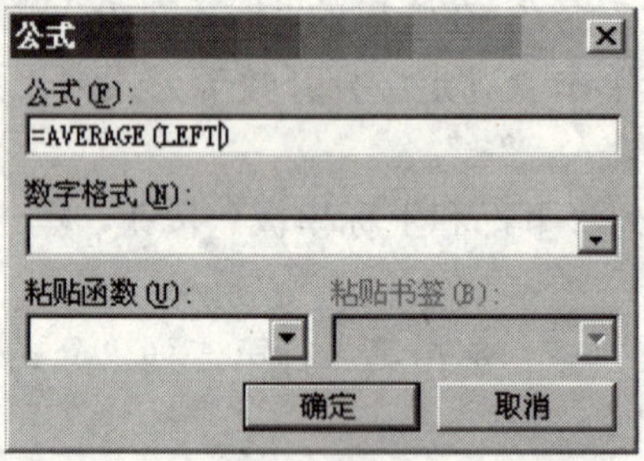

图 5-1 “表格”→“公式”对话框

要计算“各科平均”，同样将插入点定位在“数学”和“各科平均”的交叉单元格，选择“表格”→“公式”，在图 5-1 对话框中输入公式：“=AVERAGE(ABOVE)”或“=AVERAGE(b2,b3,b4,b5)”，单击“确定”按钮就可以计算出课程“数学”的平均分。要计算其他学科的平均，必须重复上述操作。

Microsoft Word 表格中数据发生变化时须手动重新计算，可以考虑使用 Microsoft Excel 来执行复杂的计算。

边框的设置：选择“格式”→“边框和底纹”，或“表格和边框”工具栏中的“线型”、“绘制表格”按钮来设置边框，如图 5-2 所示。

学生成绩表

科目 / 姓名	数学	语文	英语	平均分
李明	65	78	68	70.33
张立伟	86	89	92	89
杨伟	96	78	65	79.67
高红波	75	90	85	83.33
各科平均	80.5	83.75	77.5	

图 5-2 边框设置效果

调整行高、列宽：用户可以根据需要适当的调整行高、列宽，将表格调整到合适的高度和宽度。

数据排序：可以选择“表格”→“排序”，或“表格和边框”工具栏上“升序排列”、“降序排列”对表格中数据进行排序。

自动套用格式：将文档另存为“学生成绩表 1.doc”,然后选择“表格”→“表格自动套用格式”，在对话框中的“表格样式”选取“列表型 2”，如图 5-3 所示，单击“应用”按钮即可，效果如图 5-4 所示。

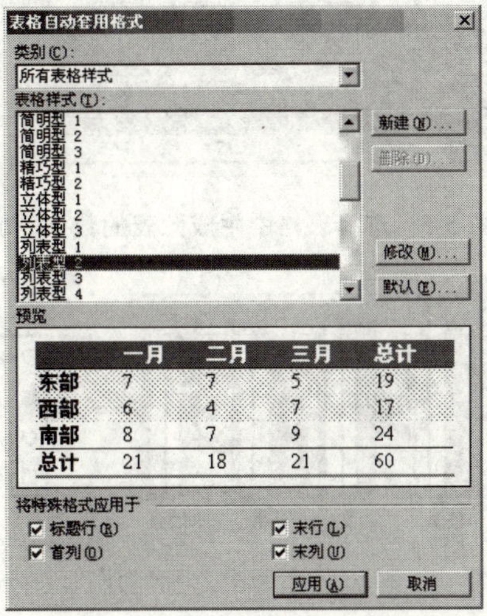

图 5-3　“表格”→“表格自动套用格式”对话框

学生成绩表

姓名	数学	语文	英语	平均分
李明	65	78	68	70.33
张立伟	86	89	92	89
杨伟	96	78	65	79.67
高红波	75	90	85	83.33
各科平均	80.5	83.75	77.5	

图 5-4　“自动套用格式”的效果

（4）表格生成图表

图表具有较好的视觉效果，可方便用户查看数据的差异、图案和预测趋势。可以直接在工作表上创建图表，或将图表作为工作表的嵌入对象使用。

提示：

选中表标题和学生的姓名及课程成绩，如图 5-5 所示，然后选择“插入”|“对象”命令中的“Microsoft Graph 图表”，出现“数据表”窗口和生成的图表，如图 5-6 所示。

学生成绩表

姓名	数学	语文	英语	平均分
李明	65	78	68	70.33
张立伟	86	89	92	89
杨伟	96	78	65	79.67
高红波	75	90	85	83.33
各科平均	80.5	83.75	77.5	

图 5-5　选择表格中生成图表的数据区域

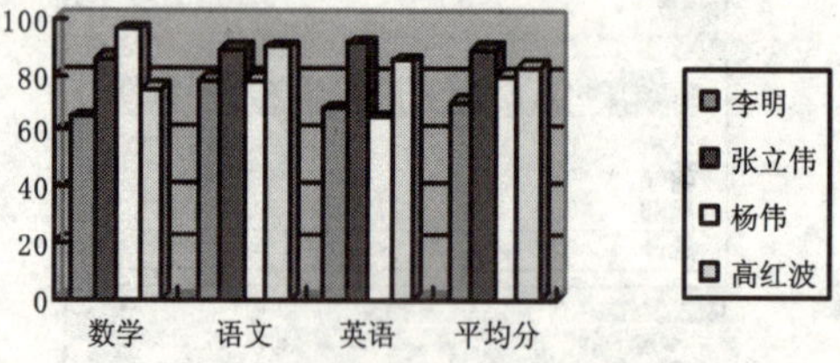

图 5-6　生成的图表

双击“图表”，在 “图表” 菜单中可以对图表类型、图表选项等参数进行设置。

四、选做题

1. 在“学生成绩表”的行、列分别增加一行、一列，其中列标题为“总分”、行标题为“各科总分”，如图 5-7 所示进行编辑并计算总分，取名为：“学生成绩表 2.doc”。

学生成绩表

科目 / 姓名	数学	语文	英语	平均分	总分
李明	65	78	68	70.33	211
张立伟	86	89	92	89	
杨伟	96	78	65	79.67	
高红波	75	90	85	83.33	
各科平均	80.5	83.75	77.5		
各科总分	322	335			

图 5-7　学生成绩表

提示：

i. 计算“李明”的“总分”公式为：=SUM（b2，c2，d2）或=SUM（LEFT）-E2

ii. 计算课程“数学”的“总分”公式为：=SUM（b2，b3，b4，b5）或=SUM（ABOVE）-B6

2. 编制课程表，如图 5-8 所示。

课程表

<table>
<tr><th colspan="2">星期
时间</th><th>一</th><th>二</th><th>三</th><th>四</th><th>五</th></tr>
<tr><td rowspan="2">上午</td><td>1、2</td><td>大学语文</td><td>计算机文化基础</td><td>高等数学</td><td>大学物理</td><td>计算机文化基础</td></tr>
<tr><td>3、4</td><td>大学物理</td><td>高等数学</td><td>大学语文</td><td>英语</td><td>高等数学</td></tr>
<tr><td rowspan="2">下午</td><td>5、6</td><td>体育</td><td>英语</td><td>英语（听力）</td><td>形势与政策</td><td></td></tr>
<tr><td>7、8</td><td>大学物理实验</td><td>计算机文化基础（上机）</td><td>大学物理实验</td><td></td><td></td></tr>
</table>

图 5-8 课程表

实验六 图文混排

一、实验目的

① 掌握在文档中插入图片以及图文混排的方法。
② 了解绘图工具栏的使用。
③ 掌握制表位的使用方法。

二、实验内容

① 根据给出的文字，进行图文混排，效果如图 6-1 所示。
② 制作对联、生日贺卡，如图 6-2、6-3 所示。
③ 制作目录，如图 6-4 所示。

三、实验步骤

1. 图文混排

在文档中插入适当的图片，并进行合理的图文混排，可以使文档看起来更加生动。本例使用了艺术字、插入图片、首字下沉、水印、分栏、页眉与页脚、项目符号与编号等技术。取名为“图文混排.doc”。

操作提示：

（1）文字录入

数据库发展历史

数据库技术从诞生到现在，在不到半个世纪的时间里，形成了坚实的理论基础、成熟的商业产品和广泛的应用领域，吸引着越来越多的研究者加入。数据库的诞生和发展给计算机信息管理带来了一场巨大的革命。

三十多年来，国内外已经开发建设了成千上万个数据库，它已成为企业、部门乃至个人日常工作、生产和生活的基础设施。同时，随着应用的扩展与深入，数据库的数量和规模越来越大，数据库的研究领域也已经大大地拓宽和深化了。

30 年间数据库领域获得了三次计算机图灵奖（C.W. Bachman，E.F.Codd，J.Gray），更加充分地说明了数据库是一个充满活力和创新精神的领域。就让我们沿着历史的轨迹，追溯一下数据库的发展历程。

数据库发展简史：

数据管理的诞生

关系数据库的由来

结构化查询语言（SQL）

面向对象数据库

数据库发展大事记

1951：Univac 系统使用磁带和穿孔卡片作为数据存储。

1956：IBM 公司在其 Model 305 RAMAC 中第一次引入了磁盘驱动器

1961：通用电气（GE）公司的 Charles Bachman 开发了第一个数据库管理系统——IDS 1969：E.F. Codd 发明了关系数据库。

1973: 由 John J.Cullinane 领导 Cullinane 公司开发了 IDMS——一个针对 IBM 主机的基于网络模型的数据库。

1976：Honeywell 公司推出了 Multics Relational Data Store——第一个商用关系数据库产品。

1979：Oracle 公司引入了第一个商用 SQL 关系数据库管理系统。

1983：IBM 推出了 DB2 数据库产品。

1985：为 Procter & Gamble 系统设计的第一个商务智能系统产生。

1991：W.H. “Bill” Inmon 发表了“构建数据仓库”。

（2）插入艺术字

a. 选中标题行，单击“插入”→“图片”→“艺术字”，选择合适的艺术字的样式，再单击“确定”按钮。

b. 单击“绘图”工具栏上的“阴影样式”、“三维效果样式”，选择适当的效果。

（3）分栏

选中第二自然段，单击“格式”→“分栏”，选择分成两栏，单击“确定”按钮。

（4）首字下沉

选中第三自然段的“30”，单击“格式”→“首字下沉”，在对话框中选择“下沉”、在“下沉行数”文本框中选择“2”，再单击“确定”按钮。

（5）插入剪贴画

a. 单击“插入”→“图片”→“剪贴画”，在对话框中，选择适当的剪贴画，再单击“确定”按钮。

b. 调整剪贴画的大小。

c. 设置剪贴画的“文字环绕”方式为“四周型环绕”。

d. 将剪贴画移动到适当的位置。

（6）项目符号与编号

a. 选中第 5 至第 9 自然段，单击“格式”→“项目符号与编号”，选择“编号”选项卡，并选择“1、”样式，再单击“确定”按钮。

b. 选中第 10 至第 18 自然段，单击“格式”→“项目符号与编号”，选择“项目符号”选项卡，并选择“➢”样式，再单击“确定”按钮。

（7）制作水印

制作水印方法有两种：

a. 单击“格式”→“背景”→“水印”，在对话框中单击“水印文字”，并在文字后输入“版权所有严禁复制”，再单击“确定”按钮。

b. 使用文本框

单击绘图工具栏上的“文本框”，用鼠标拖出文本框，在文本框中输入文字“版权所有严禁复制”。

选中文字，单击“格式”→“字体”，单击“字体”选项卡，设置为“隶书”、“初号”、“灰–25%”、“空心”，再单击“确定”按钮。

单击文本框边框，选择工具栏上“线条颜色”为“无线条颜色”。

移动文本框到适当位置，右文本框，在快捷菜单中“叠放次序”→“衬于文字下方”。

（8）页眉与页脚

单击“视图”→“页眉与页脚”，在弹出的对话框中，输入页眉内容为“数据库发展历史”，切换到页脚，并按“第[插入页码]页　共[插入页数]页”格式设置，再单击“关闭”按钮。

2. 对联制作

取名为“对联.doc”。

操作提示：

a. 单击绘图工具栏中的“自选图形”→“星与旗帜”→“竖卷形”，调整大小，设置“填充颜色”为“红色”，“字体颜色”为“黄色”。

b. 右击自选图形，在快捷菜单中，选择“添加文字”，并输入文字“宝剑锋从磨砺出”，设置字体为“初号”、“宋体”。

c. 复制自选图形，并将其中文字改为“梅花香自苦寒来”，双击该自选图形，在弹出的“设置自选图形格式”对话框中选择“大小”选项卡，设置“旋转”为“180°”。

3. 生日贺卡制作

取名为“生日贺卡.doc”。

a. 设置页面大小为“15 厘米×10 厘米”，上、下、左、右边界为：1 厘米。

b. 单击绘图工具栏上的“自选图形”，选择合适的自选图形并设置填充色、线条颜色。

c. 插入艺术字并选择合适的艺术字的样式、单击“绘图”工具栏上的“阴影样式”、“三维效果样式”，选择适当的效果。

d. 插入文本框并将文本框的“线条颜色”选择为“无线条颜色”，输入文字并设置字体格式。

4. 目录制作

取名为“目录.doc”。

操作提示：

a. 选择“格式”→“制表位”，打开“制表位”对话框，设置制表位位置为“38”（对于 A4 页面），选择“对齐方式”为“右对齐”，“前导符”为“2...”再单击“确定”按钮。

b. 输入书的目录的第一行，按 Tab 键，系统自动会出现若干省略号，用户可以接着输入页码，按回车键结束本行的输入。

c. 重复步骤 b 依次输入目录中各行的内容。

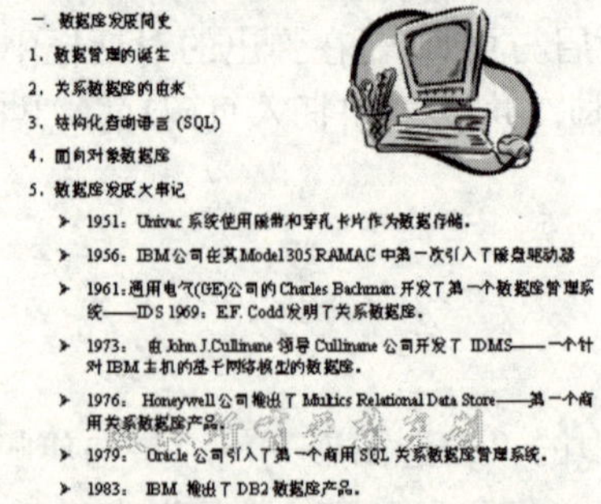
数据库发展历史

数据库技术从诞生到现在，在不到半个世纪的时间里，形成了坚实的理论基础，成熟的商业产品和广泛的应用领域，吸引越来越多的研究者加入。数据库的诞生和发展给计算机信息管理带来了一场巨大的革命。

三十多年来，国内外已经开发建设了成千上万个数据库，它已成为企业，部门乃至个人日常工作，生产和生活的基础设施。同时，随着应用的扩展与深入，数据库的数量和规模越来越大，数据库的研究领域也已经大大地拓广和深化了。

30年间数据库领域获得了三次计算机图灵奖(C.W. Bachman, E.F. Codd, J. Gray)，更加充分地说明了数据库是一个充满活力和创新精神的领域。就让我们沿着历史的轨迹，追溯一下数据库的发展历程。

一. 数据库发展简史

1. 数据管理的诞生

2. 关系数据库的由来

3. 结构化查询语言 (SQL)

4. 面向对象数据库

5. 数据库发展大事记

- 1951：Univac 系统使用磁带和穿孔卡片作为数据存储。
- 1956：IBM 公司在其 Model 305 RAMAC 中第一次引入了磁盘驱动器
- 1961：通用电气(GE)公司的 Charles Bachman 开发了第一个数据库管理系统——IDS 1969：E.F. Codd 发明了关系数据库。
- 1973： 由 John J.Cullinane 领导 Cullinane 公司开发了 IDMS——一个针对 IBM 主机的基于网络模型的数据库。
- 1976： Honeywell 公司推出了 Multics Relational Data Store——第一个商用关系数据库产品。
- 1979： Oracle 公司引入了第一个商用 SQL 关系数据库管理系统。
- 1983： IBM 推出了 DB2 数据库产品。
- 1985： 为 Procter & Gamble 系统设计的第一个商务智能系统产生。
- 1991： W.H.“Bill” Inmon 发表了”构建数据仓库”。

图 6-1 图文混排样例

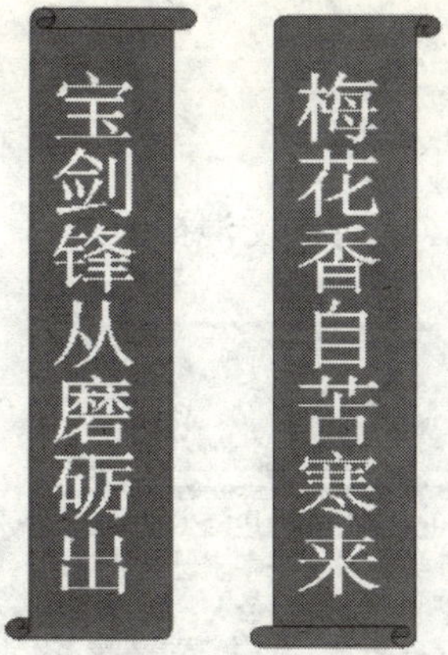

图 6-2 对联样例图

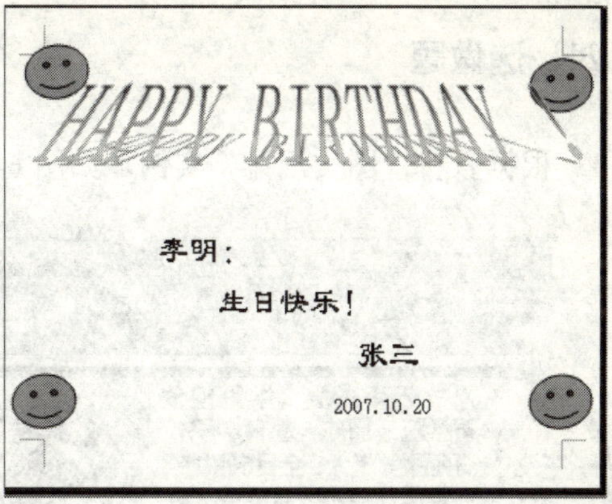

图 6-3 生日贺卡样例

目 录

4.1 Word 2003 基本操作 1
4.1.1 Word 2003 的启动及关闭 3
4.1.2 Word 2003 窗口组成 5
4.2 文档的基本操作 6
4.2.1 新建文档。 6
4.2.2 保存文档 8
4.2.3 打开文档 9
4.3 文本编辑 12
4.3.1 文本的输入及特殊符号的插入 13
4.3.2 选定任意文 14
4.3.3 文本的删除与修改、复制、剪切和粘贴 15
4.3.4 字体格式的设置 16
4.3.5 段落格式的设置 17
4.3.6 项目符号和编号 18
4.4 排版文档 19
4.4.1 格式刷 21
4.4.2 首字下沉 22
4.4.3 竖排版 23
4.4.4 分栏排版 24
4.5 图文混排 26
4.5.1 插入图片 27
4.5.2 插入图形 29
4.5.3 插入艺术字 30
4.5.4 插入文本框 31
4.5.5 图文混排举例 33
4.6 表格处理 34
4.6.1 插入和绘制表格 35
4.6.2 表格中输入数据和格式化表格 36
4.6.3 单元格的合并与拆分 37
4.6.4 边框与样式套用 38
4.6.5 表格简单函数的使用 39
4.6.6 将表格生成图表 39
4.6.6 表格的其它功能 40
4.7 文档打印 41
4.7.1 分节 41
4.7.2 页眉和页脚 42

图 6-4 目录样例

四、选做题

1. 根据教材“图文混排”实例，如图 6-5 所示，进行图文混排。

图 6-5 教材“图文混排”样例

实验七 Excel 2003基本操作

一、实验目的

① 掌握中文 Excel 2003 的启动和窗口界面操作。

② 掌握工作簿和工作表的管理。

③ 掌握单元格式的基本操作及公式的应用。

二、实验内容

① 创建新工作簿，并在其中添加工作表。

② 在工作表中输入采购单的相关数据。

③ 运用 Excel 中的公式进行计算。

三、实验步骤

a. 启动 Excel 2003，输入实验基础数据“设备采购单”，如图 7-1 所示。

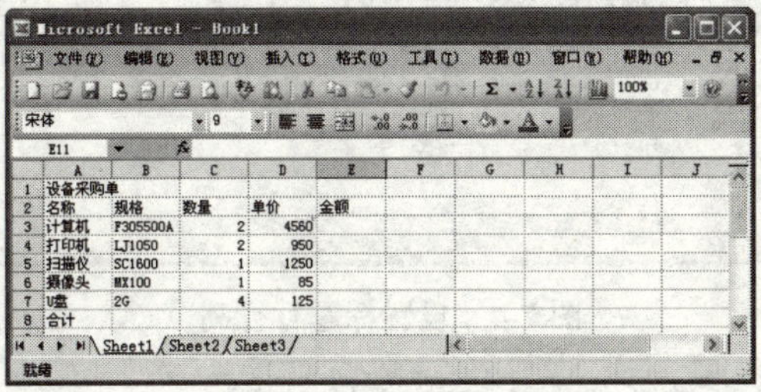

图 7-1　设备采购单基础数据

b. 点击工具栏中的“保存”按钮，在弹出的“另存为”对话框中将默认的工作簿文件名 Book1.x7s 更名为 caigou，如图 7-2 所示，点击“保存”按钮将新建工作簿保存到磁盘。

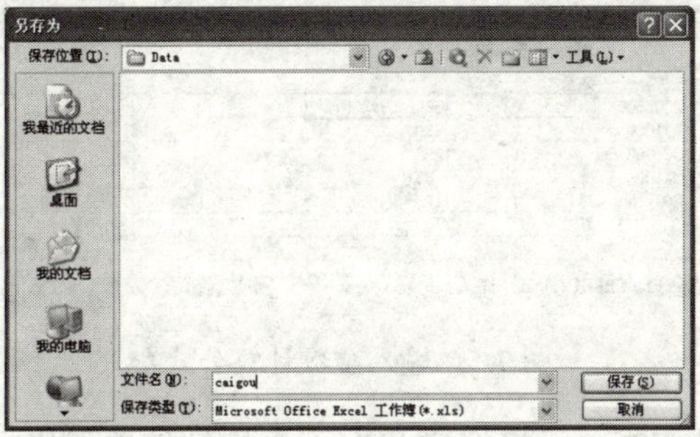

图 7-2　将工作簿另存为 caigou.xls

c. 选定 A1:E1 单元格，单击工具栏“合并及居中”按钮，将选定单元格内容做合并及居中设置，通过格式工具栏“字号”下拉式组合框设置字号为 16，如图 7-3 所示。

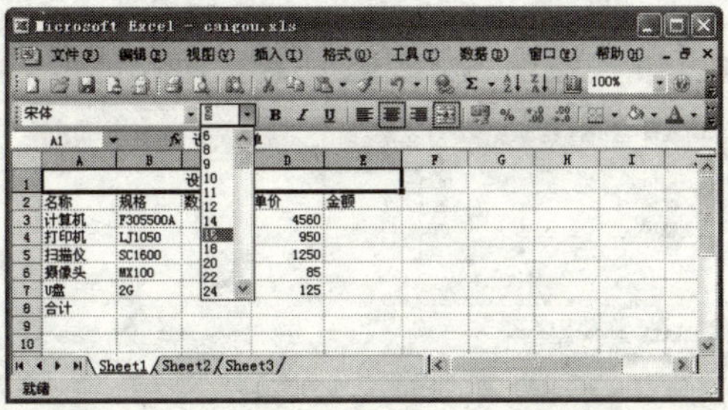

图 7-3　格式化设备采购单标题

d. 用鼠标拖拉第一行和第二行的分隔线，将标题行行高设置为 29 像素，如图 7-4 所示。

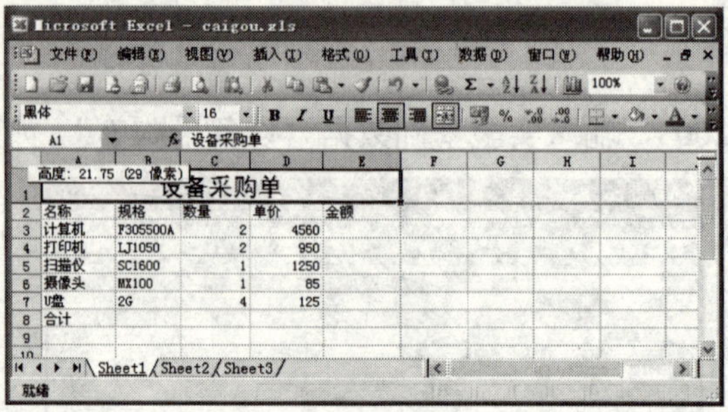

图 7-4 设置标题行行高

e. 输入金额列的计算公式，有两种方法：方法一：选定 E3 单元格，直接输入公式“=C3*D3”；方法二：选定 E3 单元格，输入“=”，单击 C3 单元格，E3 中将自动增加 C3 单元格的名称，输入“*”，点击 D3 单元格，确认 E3 中的公式为“=C3*D3”，键入回车键完成公式录入，如图 7-5 所示。

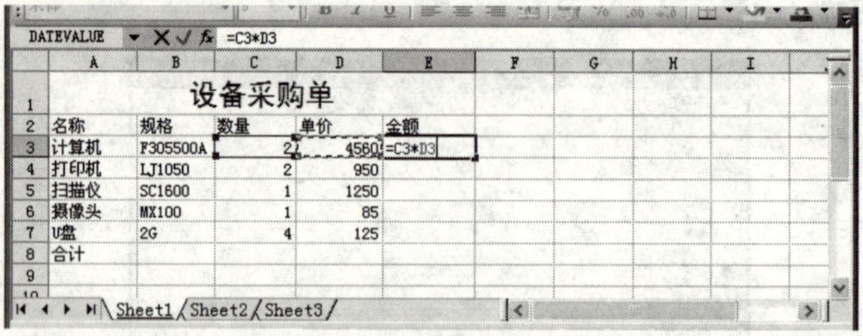

图 7-5 输入金额计算公式

f. 复制公式：在 E3 单元格选定状态下，拖拉该单元格右下角的填充柄，向下拖拉至 E7 单元格，如图 7-6 所示，将公式复制到 E4 至 E7 单元格中，各行的最后一个单元格将自动显示公式的计算结果，如图 7-7 所示。

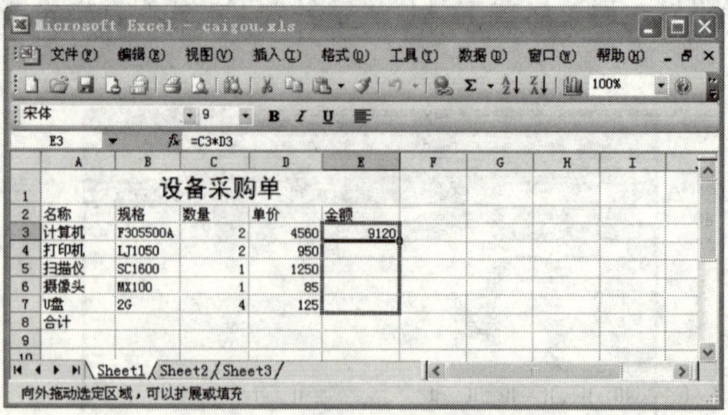

图 7-6 运用填充柄复制公式

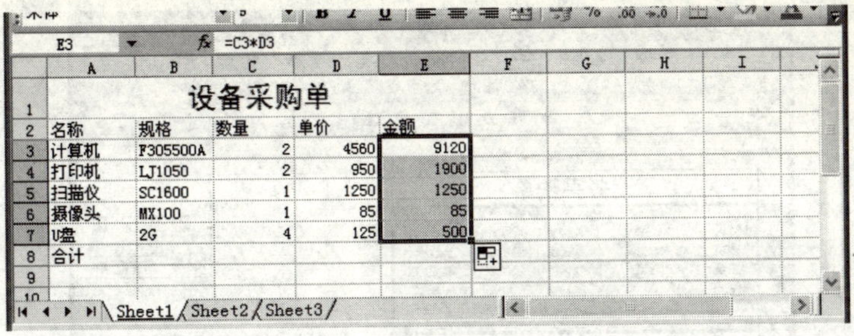

图 7-7　公式计算结果

g. 计算合计金额：选定 E8 单元格，点击常用工具栏上的自动求和按钮，E8 单元格中将自动填充求和公式，并自动查找可计算的数据范围“E3：E7”，如图 7-8 所示。按 Enter 键确认公式，E8 单元格中将显示计算结果。

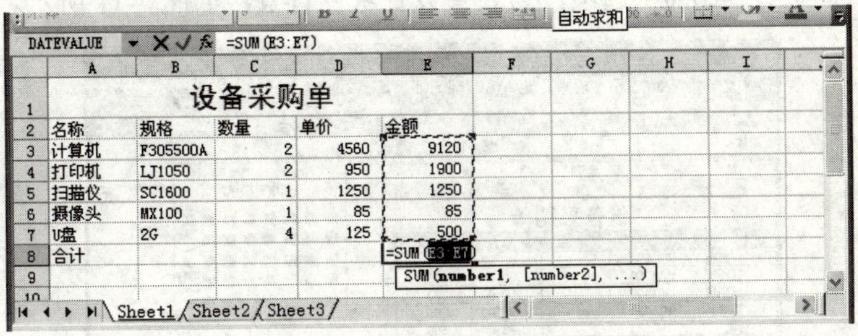

图 7-8　插入自动求和公式

h. 设置小数位数：选定 D3：E8 单元格，点击格式公式栏上的“增加小数位数”工具按钮两次，将选定的单元格设置为保留两位小数，如图 7-9 所示。

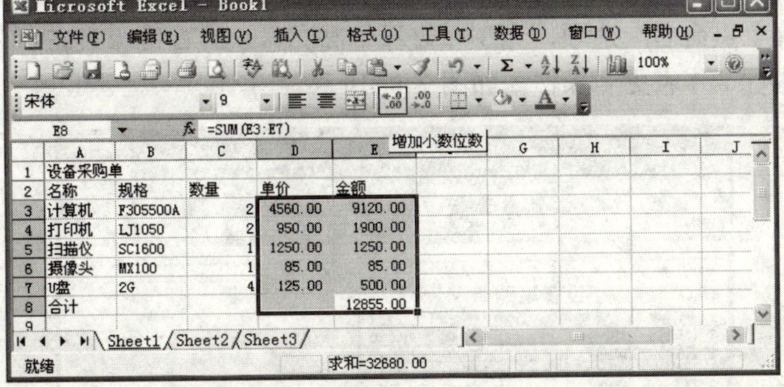

图 7-9　设置小数位数

i. 设置表格边框：选定 B2：E8 单元格，在格式工具栏上的“边框”下拉菜单中选择“所有框线”选项，设置选定单元格的边框，如图 7-10 所示。

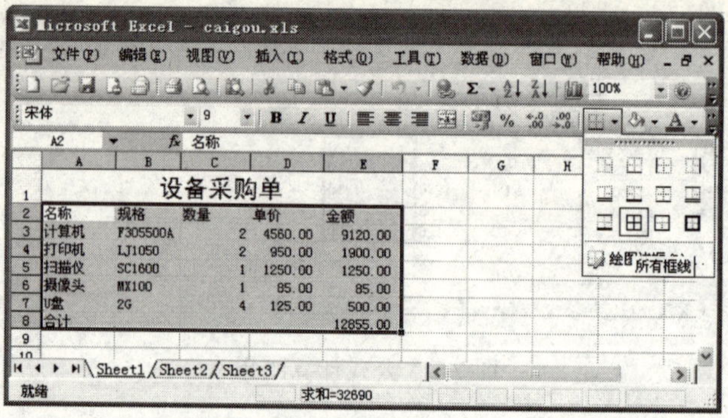

图 7-10　设置边框

j. 设置表头填充色：选定 A2∶E2 单元格式，在格式工具栏上的“填充”下拉菜单中选“灰色-25%”选项，为表头设置灰色背景，如图 7-11 所示。

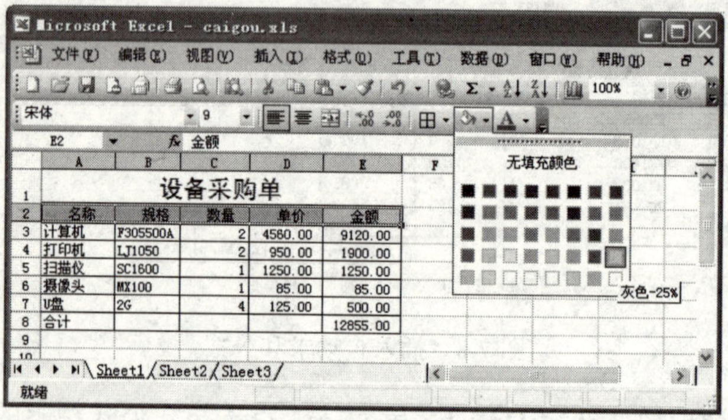

图 7-11　设置表头背景色

k. 更改工作表名称：双击 Sheet1 工作表标签或在 Sheet1 工作表标签的右键菜单中选择“重命名”选项，当工作表标签高亮显示时直接输入新的名称“设备采购单”进行工作表更名操作，如图 7-12 所示。

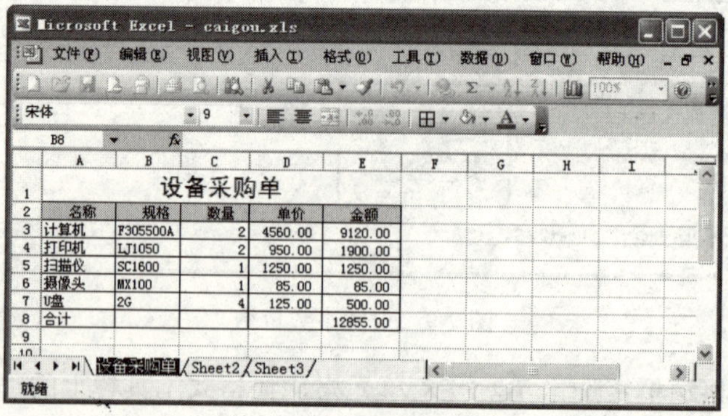

图 7-12　重命名工作表

1. 打印预览：选择菜单“文件”→“打印预览”或点击工具栏上的“打印预览”按钮，查看预览效果，预览窗口中点击“页边距”按钮可设置页边距，如图 7-13 所示，拖动各调整指示线对表格和页边距进行调整。

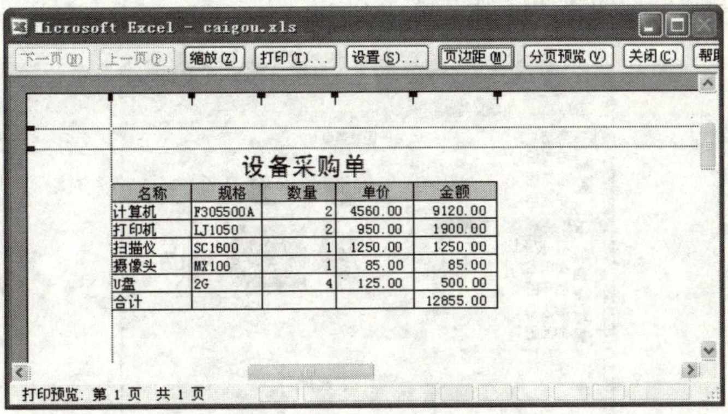

图 7-13 调整表格和页边距

实验八 Excel 2003 图表操作

一、实验目的

① 掌握中文 Excel 2003 中创建的图表操作。
② 掌握图表编辑的方法。

二、实验内容

① 根据“职称结构数据”创建饼图：“职称结构图”。
② 对已创建的图表进行编辑。

三、实验步骤

a. 新建一个工作簿，在 sheet1 工作表中输入实验基础数据，如图 8-1 所示。

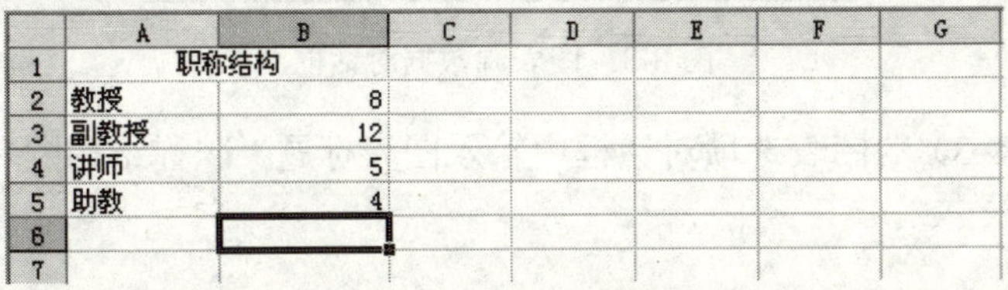

图 8-1 职称结构数据

b. 选定 A2:B5 单元格，点击常用工具栏上的“图表向导”或菜单“插入-图表”启动图表向导，将弹出“图表向导-4 步骤之 1-图表类型”对话框，图表类型选择“饼图”，子图表类型选择“分离型三维饼图”，如图 8-2 所示，选择后点击“下一步（N）”按钮进入步骤 2)。

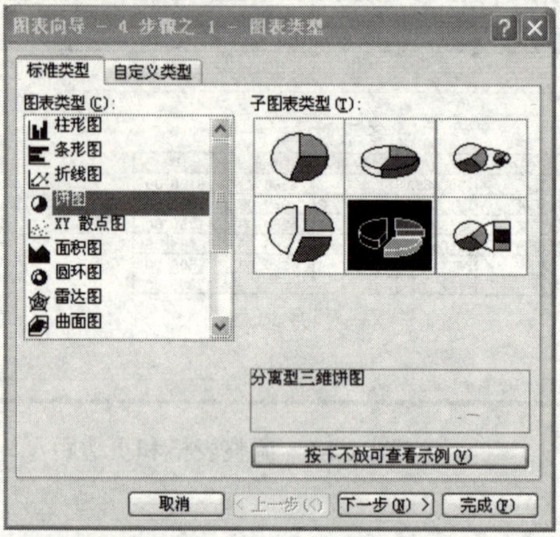

图 8-2　图表类型对话框

c. 图表源数据对话框中可设置数据区域和系统参数，如图 8-3 所示，本例中不需更改，点击“下一步（N）”按钮进入步骤 3)。

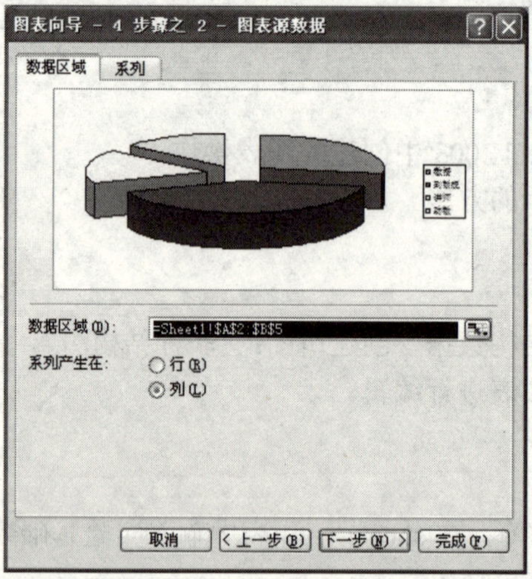

图 8-3　图表源数据对话框

d. 在步骤 3）的图表选项对话框中输入图表标题“职称结构图”，如图 8-4 所示。

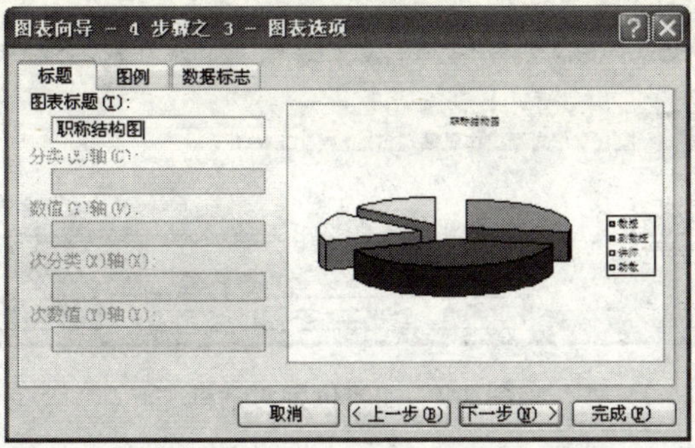

图 8-4 图表选项-标题对话框

e. 点击“图例”选项卡标签，取消图例显示，如图 8-5 所示。

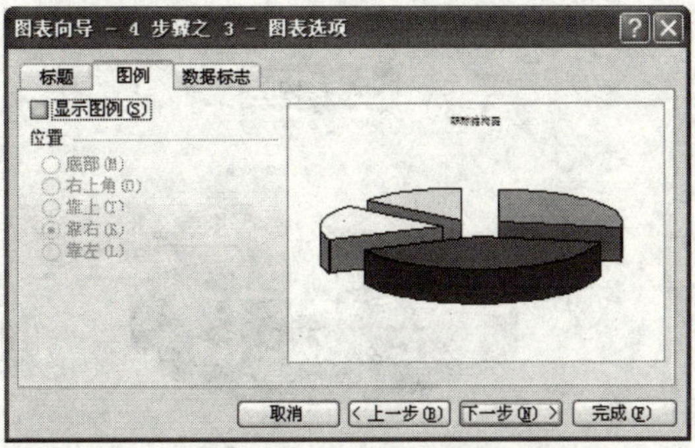

图 8-5 图表选项-图例对话框

f. 点击“数据标志”选项卡标签，将“类别名称”和“百分比”复选框选定，设置图表中显示类别名称和百分比，如图 8-6 所示。

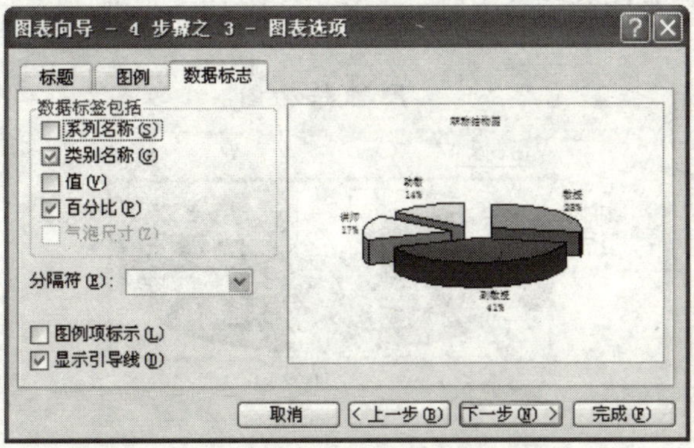

图 8-6 图表选项-数据标志对话框

g. 点击“下一步（N）”按钮进入步骤 4），选择将图表“作为其中的对象插入”，点击“完成（F）”按钮，如图 8-7 所示。

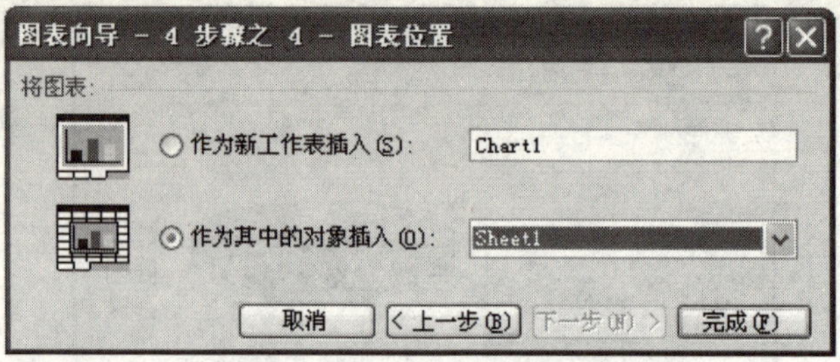

图 8-7　图表位置对话框

h. 设置图表标题格式：点击图表标题“职称结构图”，当其周围出现控制点时进行格式设置，如图 8-8 所示，直接在格式工具栏中另设一种字体，字号为 16。

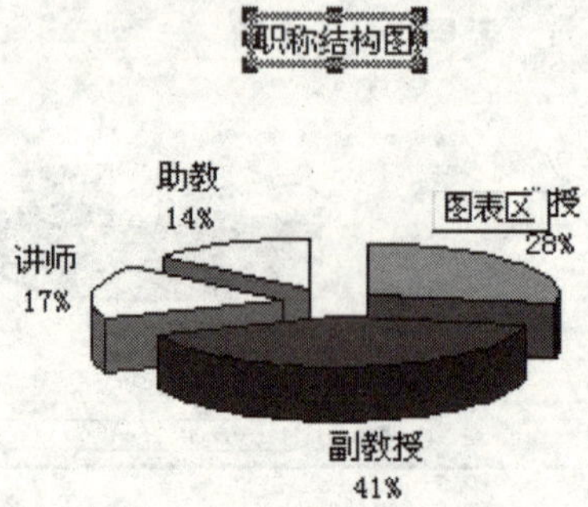

图 8-8　选定图表标题

i. 调整图表区大小：点击图表区空白区域选定图表区，如图 8-9 所示，拖拉四周的控点适当调整图表区大小。

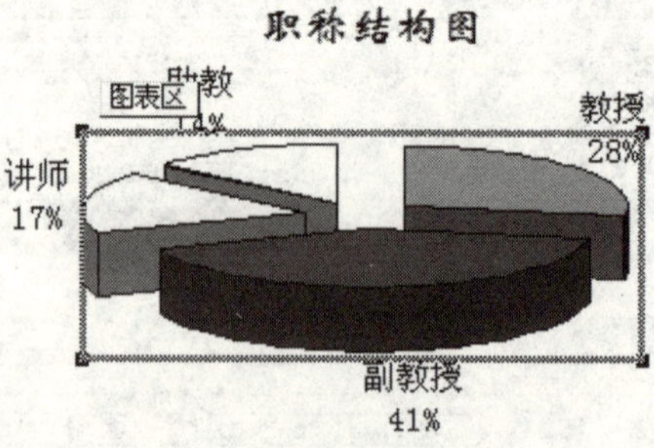

图 8-9　调整图表区大小

j. 选定图表，点击格式工具栏上的“填充”按钮，为图表选择填充色，如图 8-10 所示。

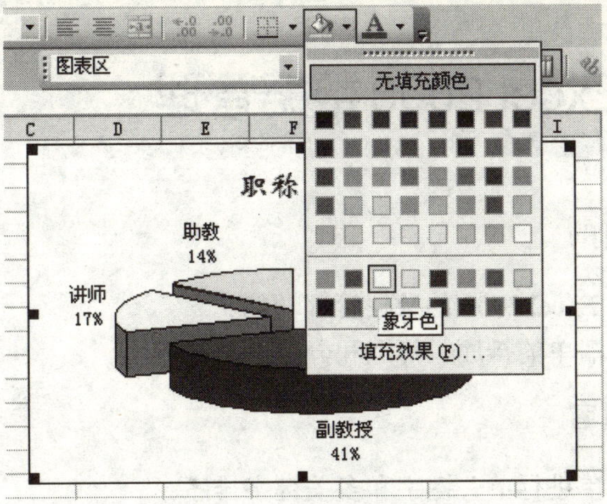

图 8-10 设置图表填充色

k. 设置图表三维格式：在图表右键菜单中选择“设置三维视图格式”菜单，弹出如图 8-11 所示对话框，设置上下仰角为 25。

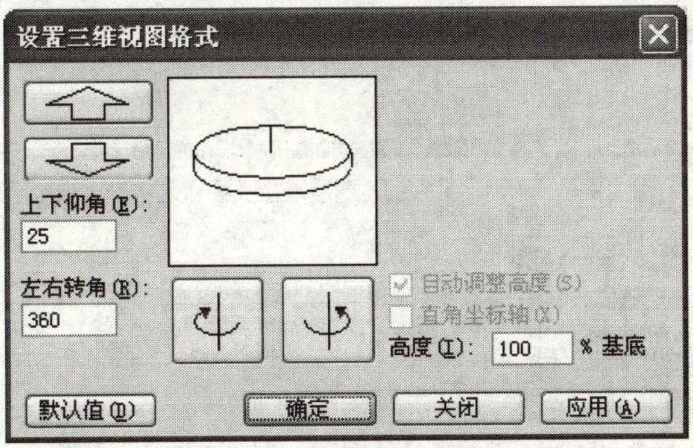

图 8-11 设置三维视图格式对话框

l. 图表最终效果如图 8-12 所示。

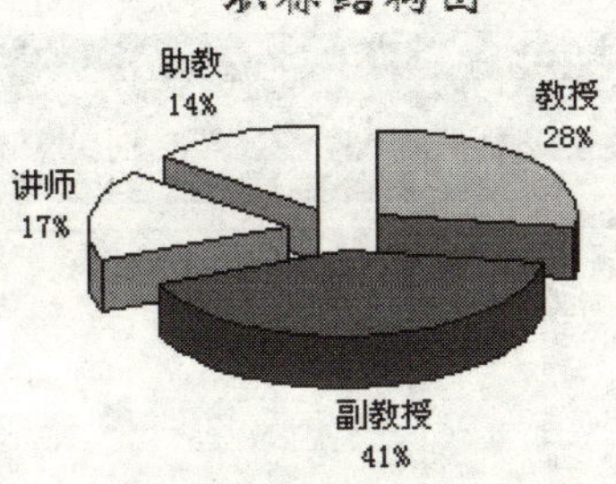

图 8-12 最终效果

实验九 Excel 2003数据管理

一、实验目的

① 掌握中文 Excel 2003 的数据管理功能。

② 掌握数据清单的排序、筛选和分类汇总的应用。

二、实验内容

① 对数据清单进行单关键字和多关键字排序。

② 使用筛选功能筛选数据。

③ 通过分类汇总进行数据统计。

三、实验步骤

a. 新建工作簿的 Sheet1 工作表中输入基础数据，如图 9-1 所示，所有数据构成一个数据清单。

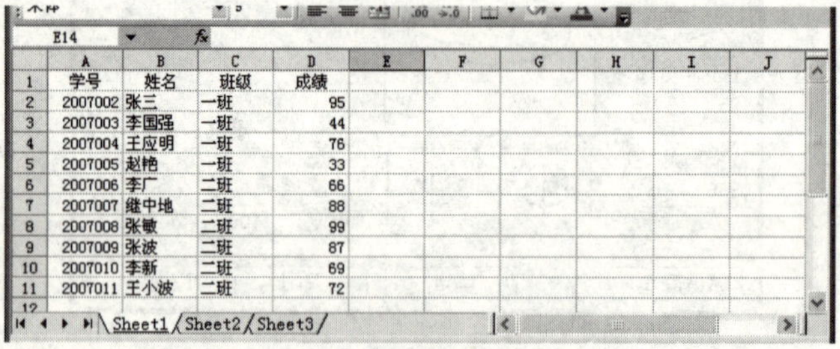

学号	姓名	班级	成绩
2007002	张三	一班	95
2007003	李国强	一班	44
2007004	王应明	一班	76
2007005	赵艳	一班	33
2007006	李广	二班	66
2007007	继中地	二班	88
2007008	张敏	二班	99
2007009	张波	二班	87
2007010	李新	二班	69
2007011	王小波	二班	72

图 9-1 学生成绩基础数据

b. 将成绩单按成绩降序排列：选定数据清单中成绩列的任意一个单元格，点击常用工具栏上的“降序排序”工具按钮，成绩单即可按成绩降序排列，如图 9-2 所示。

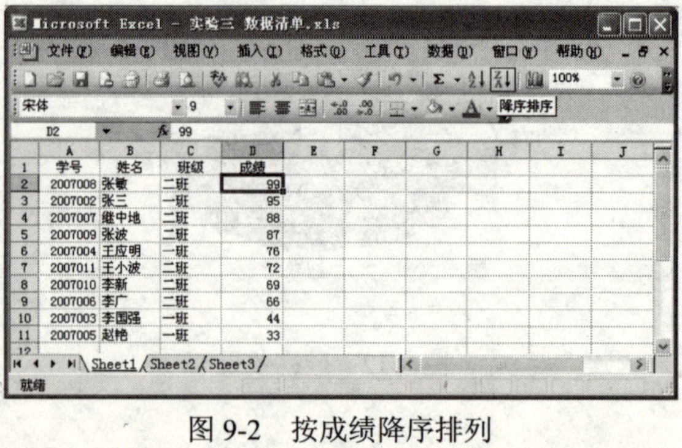

学号	姓名	班级	成绩
2007008	张敏	二班	99
2007002	张三	一班	95
2007007	继中地	二班	88
2007009	张波	二班	87
2007004	王应明	一班	76
2007011	王小波	二班	72
2007010	李新	二班	69
2007006	李广	二班	66
2007003	李国强	一班	44
2007005	赵艳	一班	33

图 9-2 按成绩降序排列

c. 多关键字排序：要求先按班级排序，班内再按成绩排序，选定数据清单的任意一个单元格，选择“数据-排序”菜单项，在“排序”对话框中将主关键字设置为“班级”，选择“降序”排列，次要关键字设置为“成绩”，按降序排列，点击“确定”按钮即可按班级和成绩进行排列，如图 9-3 所示。

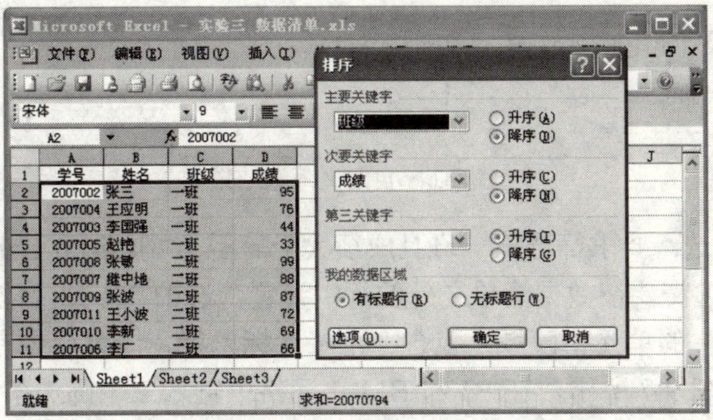

图 9-3　多关键字排序

d. 自动筛选出不及格记录：选定数据清单中成绩列的任意一个单元格，选择“数据-筛选-自动筛选”菜单项，数据清单中第一行的各列中将分别显示出一个下拉按钮，如图 9-4 所示。

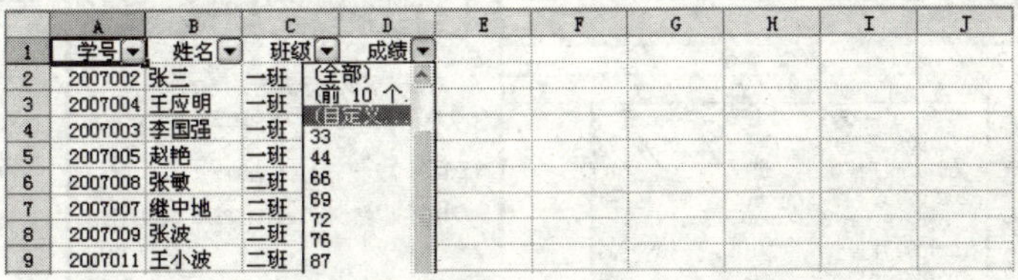

图 9-4　自动筛选

选择成绩列中下拉按钮的“自定义…”选项，弹出“自定义自动筛选方式”对话框，设置该列的筛选条件为“小于”“60”，如图 9-5 所示。

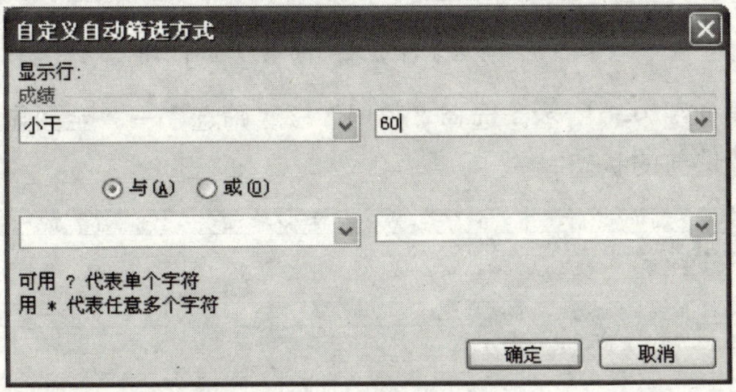

图 9-5　自定义自动筛选方式对话框

筛选结果如图 9-6 所示，与排序不同，筛选并不重排清单。筛选只是暂时隐藏不必显示的行。而且一次只能对工作表中的一个数据清单使用筛选命令。若要在数据清单中恢复筛选前的显示状态，只需要选择“数据”→“筛选”→“全面显示”菜单命令即可。

	A	B	C	D	E	F	G	H	I	J
1	学号	姓名	班级	成绩						
4	2007003	李国强	一班	44						
5	2007005	赵艳	一班	33						
12										

图 9-6　自定义筛选结果

e. 高级筛选：要求筛选出一班且成绩大于等于 70 小于 80 分的记录。要使用高级筛选，首选需要在数据清单之外的行中设置筛选的“条件区域”，该区域是包含一组搜索条件的单元格区域，包含一个条件标志行，同时至少有一行用来定义搜索条件，如图 9-7 所示，在 B13∶E14 单元格中输入三个筛选条件。

选定数据清单中成绩列的任意一个单元格，选择“数据-筛选-高级筛选”菜单项，弹出“高级筛选”对话框中，点击对话框中“条件区域”设置按钮，选定 B13∶E14 条件区域中的条件，然后再单击此按钮返回“高级筛选”对话框，最后单击“确定”按钮，结束操作。

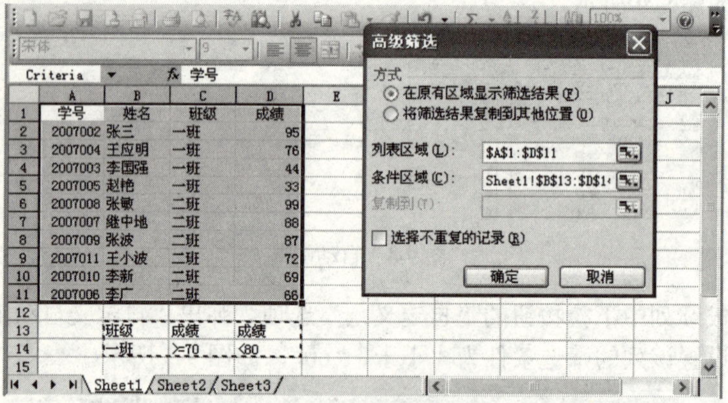

图 9-7　筛选条件定义与高级筛选对话框

筛选结果如图 9-8 所示。选择“数据”→“筛选”→“全面显示”菜单命令即可恢复到筛选前的状态。

	A	B	C	D	E	F	G	H	I	J
1	学号	姓名	班级	成绩						
3	2007004	王应明	一班	76						
12										
13		班级	成绩	成绩						
14		一班	>=70	<80						
15										

图 9-8　高级筛选结果

f. 分类汇总：选定数据清单中成绩列的任意一个单元格，选择“数据”→“分类汇总”菜单项，弹出“分类汇总”对话框中，将分类字段设置为“班级”，汇总方式设置为“平均值”，汇总项选定“成绩”，如图 9-9 所示，点击“确定”按钮进行分类汇总操作。

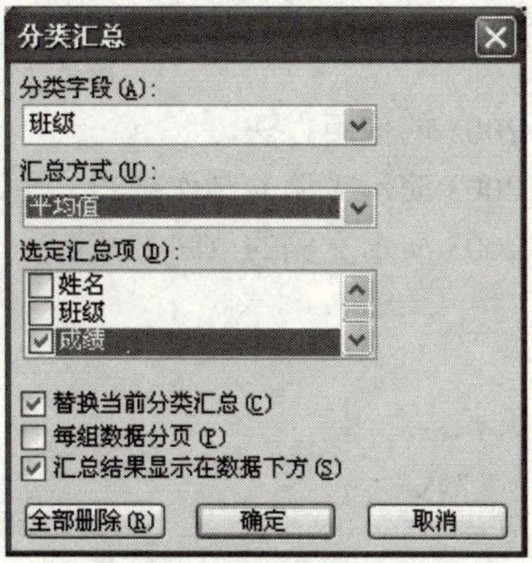

图 9-9　分类汇总对话框

分类汇总结果如图 9-10 所示，列出了所有记录和汇总结果，包括一班和二班的成绩平均值及所有成绩的平均值。

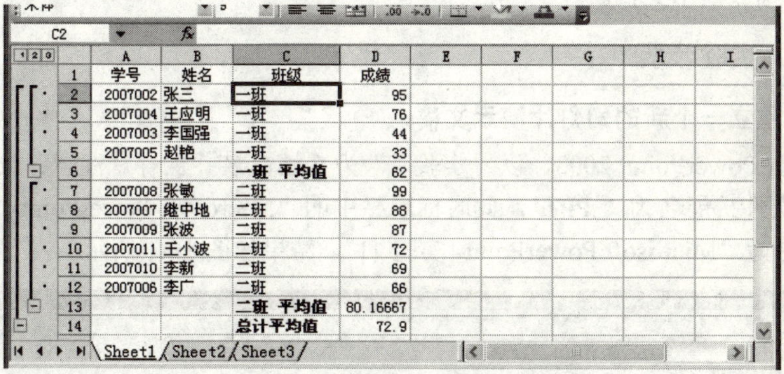

图 9-10　分类汇总结果

Excel 可创建数据分级显示，用鼠标单击即可显示和隐藏明细数据的级别。单击分级显示符号 1 2 3、+和−可迅速地只显示那些为工作表中各部分提供汇总或标题的行或列，或者可使用分级显示符号来查看单个汇总和标题下的明细数据，如图 9-11 所示，点击第二级按钮，将仅显示第一级和第二级数据。

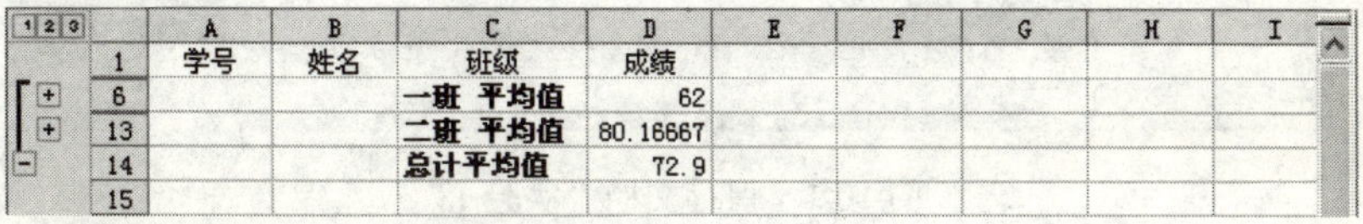

图 9-11　显示第一级和第二级数据

实验十　中文 PowerPoint 2003 使用

一、实验目的

① 熟悉 PowerPoint 2003 的使用方法。
② 掌握 PowerPoint 2003 演示文稿的制作技巧。
③ 掌握 PowerPoint 2003 演示文稿的放映方法。

二、实验内容

① 建立幻灯片演示文稿。
② 选择指定的幻灯片版式。
③ 输入并编辑给定文字。
④ 设置幻灯片中对象的动画效果。
⑤ 设置幻灯片的背景。
⑥ 幻灯片的插入。
⑦ 播放演示文稿。

三、实验步骤

1. 建立一个新的幻灯片演示文稿

启动 PowerPoint 2003，以“实验 1”为文档命名并保存。注意：PowerPoint 默认的文件扩展名为“.PPT”，此时标题栏中的“Microsoft PowerPoint-[演示文稿 1]”变更为“Microsoft PowerPoint-[实验 1]”，结果如图 10-1 所示。

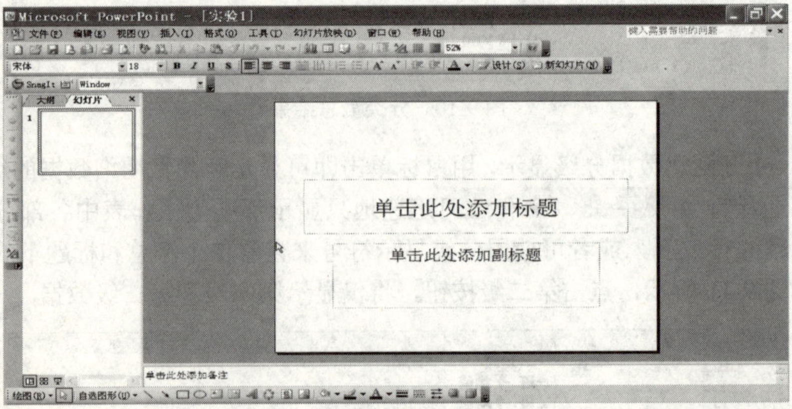

图 10-1　保存文档“实验 1”

2. 选择幻灯片版式

选择“只有标题”幻灯片版式，结果如图 10-2 所示。

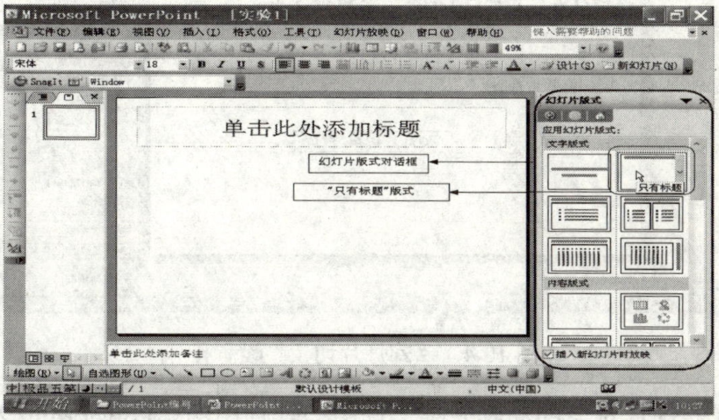

图 10-2　“只有标题”幻灯片

3. 输入并编辑给定文字

a. 切换到幻灯片“普通视图”模式和“幻灯片”选项卡，点击“单击此处添加标题”占位符，输入“PowerPoint 2003 实习题”。

b. 选中标题框，将字体设置为“黑体”、字号设置为“48”磅，对齐方式设置为“分散对齐”，结果如图 10-3 所示。

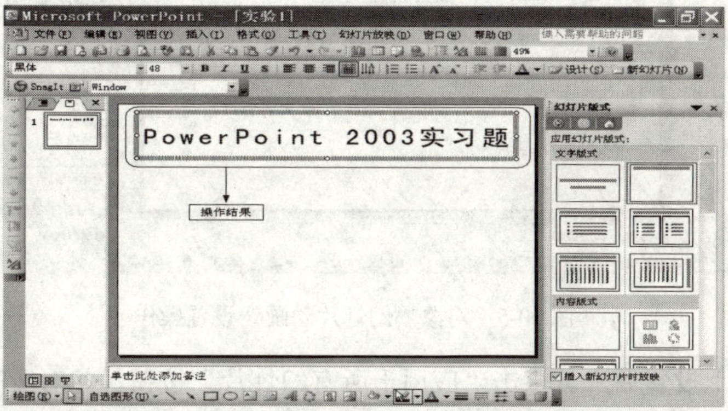

图 10-3　“PowerPoint 2003 实习题”标题幻灯片

4. 设置幻灯片的动画效果

a. 设置“幻灯片切换”动画效果。选择当前“幻灯片放映”，设置为“盒状展开”切换方式，如图 10-4 所示。

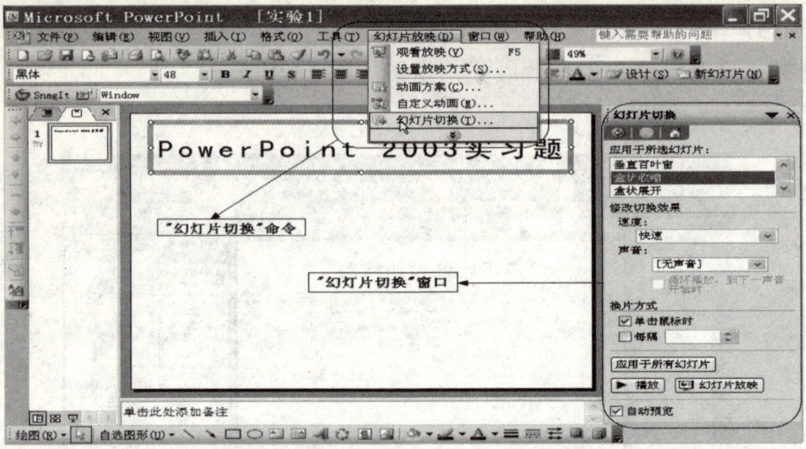

图 10-4 “幻灯片切换”设置操作

b. 设置幻灯片对象的动画效果。选中幻灯片中的“PowerPoint 2003 实习题”对象，设置为“弹出”动画效果，如图 10-5 所示。若按“动画方案”设置达不到相应动画效果，也可按“自定义动画”操作方式，设置相应动画效果。

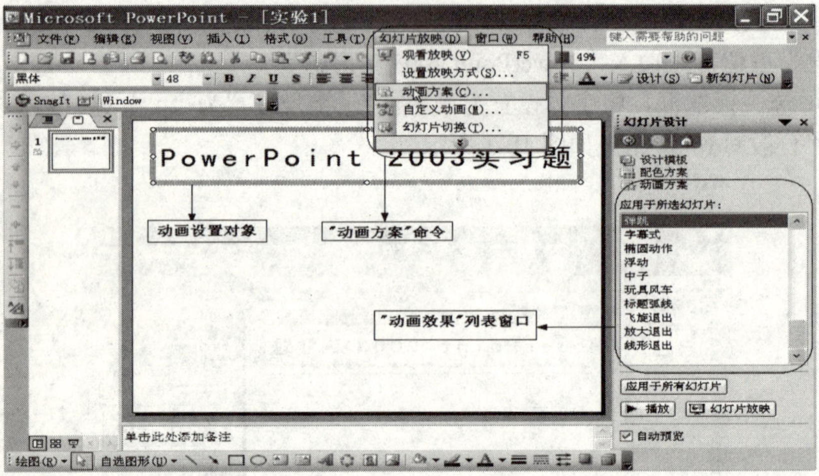

图 10-5 对象“幻灯片动画”设置操作

通过以上设置后，若点击“应用于所有幻灯片”按钮，将对所有幻灯片产生同一动画效果，否则，只对当前幻灯片或幻灯片对象产生该动画效果。

5. 设置幻灯片的背景

a. 添加背景“填充效果”。打开幻灯片，选择菜单栏的“格式”中的“背景”命令，打开“背景”对话框，选择“填充效果”按钮打开“填充效果”选项卡，如图 10-6 所示。

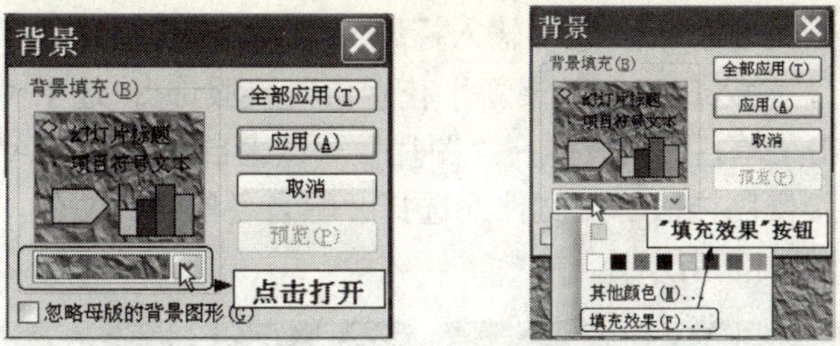

图 10-6　幻灯片“背景”设置操作

b. 在填充效果中选择“纸袋”作为幻灯片的背景，依次单击“确定”、“应用”。若选择“全部应用”，会将目前所有的幻灯片背景都设置为此背景，结果如图 10-7 所示。

图 10-7　“纸袋”背景幻灯片

6. 插入新幻灯片

a. 选中第一张幻灯片，选择菜单栏中的“插入”→“新幻灯片”→“格式”→“新幻灯片”命令，在第一张幻灯片之后插入一张新的幻灯片。

b. 在“幻灯片版式”列表框中选择“标题、文本与剪贴画”版式，如图 10-8 所示。

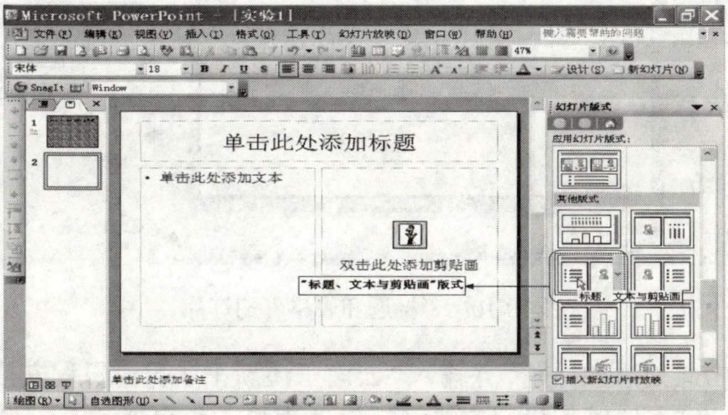

图 10-8　设置“标题、文本与剪贴画”幻灯片版式

c. 点击“单击此处添加标题”，输入标题文字“文本与图片幻灯片”；单击“单击此处添加文本”，输入“云南玉溪新平花腰傣民族服饰”；选中“双击此处添加剪贴画”框，点击菜单栏“插入”→“图片”→“来自文件”，在“插入图片”对话框中选择“花腰傣民族服饰”文件或选择一幅自备的图片文件，调整各部分的位置及大小，如图 10-9 所示。

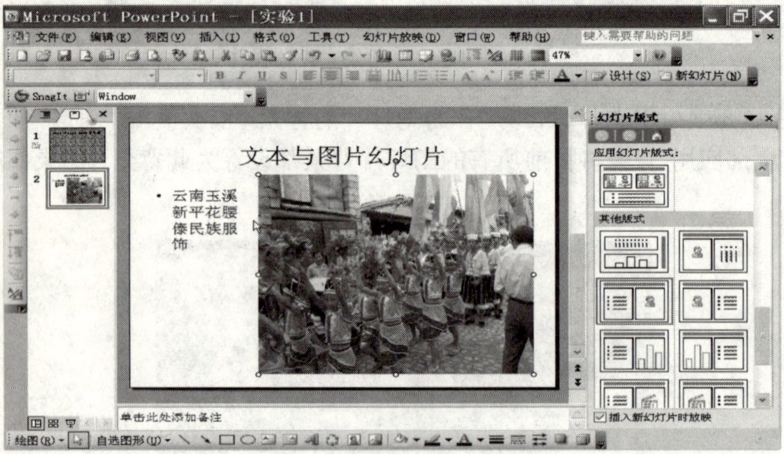

图 10-9　文本与图片幻灯片

若无自备的图片，也可双击“双击此处添加剪贴画”图标，从弹出的“剪贴画”列表框中选择一幅合适剪贴画插入。

d. 再插入一张新幻灯片，选择“标题和表格”幻灯片版式，如图 10-10 所示。

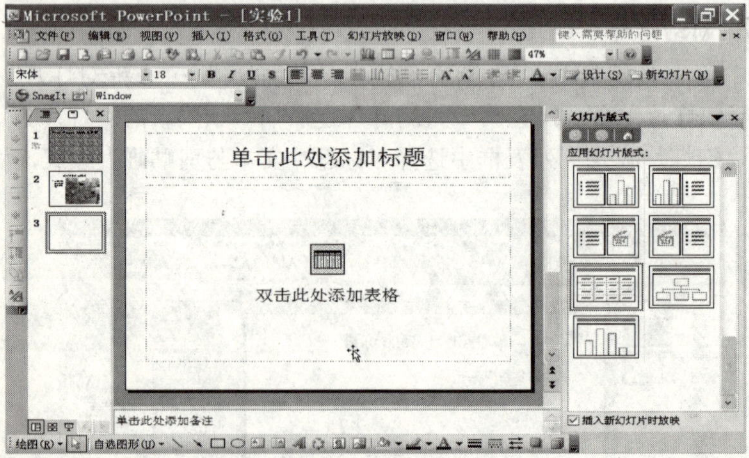

图 10-10　“标题和表格”幻灯片

单击“单击此处添加标题”并输入“云南玉溪新平 3 日游日程安排”。双击“双击此处添加表格”，按以下日程安排编辑修改表格。也可通过复制操作将已利用

Office 其他组建制作完成的表格粘贴至此。

云南玉溪新平 3 日游日程安排

序　号	日　期	安　排	备　注
1	第 1 天	上午 8:00 从昆明出发 上午 11:30 到达新平县城 11:30-13:30 入住宾馆、午餐、稍作休息 13:30-17:30 前往磨盘山国家森林公园 18:30 晚餐，晚上自由活动	
2	第 2 天	上午 8:00 从新平出发前往嘎洒 上午 11:00 到达嘎洒，入住宾馆，享用“嘎洒汤锅” 12:00-13:30 嘎洒镇、大槟榔园生态游 13:30-18:30 前往跃南吐司住宅、原始森林、茶马古道 19:00 晚餐 20:30 篝火晚会	
3	第 3 天	上午 8:00 从嘎洒返回新平县城 上午 11:00 新平县城午餐 12:00 新平县城购物（以新平金丝竹笋、野生木耳、腌菜等土特产品） 15:30 从新平返回昆明 18:30 到达昆明，旅行结束	

对表格中“标题”设置为 32 磅大小，表格内容设置为 16 磅大小，并将幻灯片中的各部分位置、大小等进行调整编辑，如图 10-11 所示。

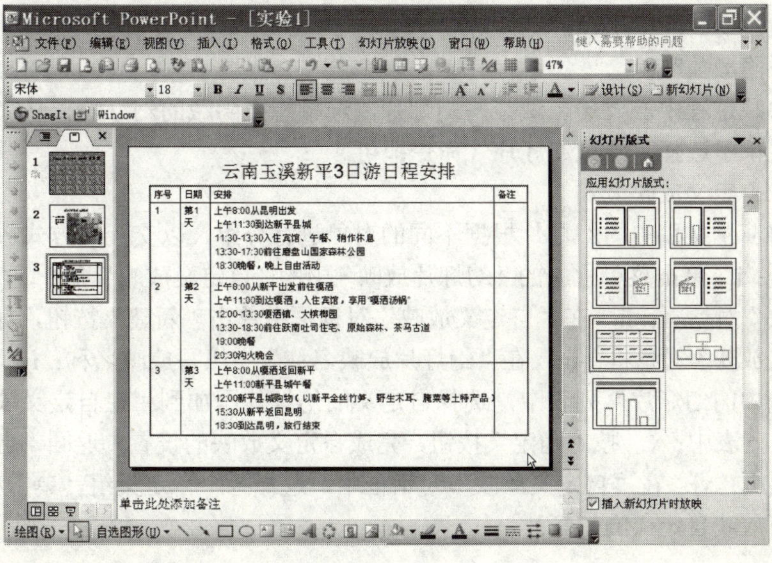

图 10-11　“云南玉溪新平 3 日游日程安排”幻灯片

7. 幻灯片演示文稿播放

（1）启动演示文稿播放

启动幻灯片演示文稿播放的方法有三种：

方法一，在幻灯片的“工具栏”按钮中点击 PowerPoint 窗口左下角的“幻灯片放映按钮”。

方法二，在菜单栏中的“视图”菜单下选择“幻灯片放映”命令。

方法三，在菜单栏中的“幻灯片放映”菜单下选择“观看放映”命令。

（2）手动控制放映演示文稿

在幻灯片演示文稿的播放过程中，有以下两种手动控制方法。

方法一，通过键盘“Page Up”、“Page Down”、“↑”和“↓”键控制幻灯片向前、向后翻片，按下 Esc 键结束幻灯片的播放。

方法二，在幻灯片播放过程中单击鼠标左键控制幻灯片向前播放，或单击鼠标右键，在弹出式菜单中选择“下一张”、“上一张”向前或向后播放，还可选择“定位至幻灯片”播放指定的幻灯片，选择“结束放映”结束幻灯片的播放。

（3）自动控制放映演示文稿

自动控制放映幻灯片就是通过控制每一张幻灯片的放映时间，使幻灯片自动进行演示。方法是选择菜单栏中的“幻灯片放映”下的“排练计时”命令，开始播放幻灯片，同时在幻灯片的左上角出现播放、暂停及计时器

。

通过观察计时器秒数，设定每张幻灯片的播放时间，依次点击播放按钮，直至整个幻灯片文稿播放完毕即完成幻灯片的播放时间设定。再启动放映演示文稿即可按设定的时间依次播放幻灯片。

（4）隐藏放映

在放映过程中若要想隐藏某些幻灯片，选择想要隐藏的幻灯片，从“幻灯片放映”菜单中选择“隐藏幻灯片”命令即可。

（5）自定义放映方式

可将演示文稿中的幻灯片根据不同的对象进行分组，以交互式方式放映，设置方法是：i. 单击菜单栏中的“幻灯片放映”中的“自定义放映”命令，打开“自定义放映”对话框；ii. 在“自定义放映”对话框中单击“新建”按钮，打开“设置自定义放映”对话框；iii. 在“幻灯片放映名称”中填写放映名称；iv. 在“在演示文稿中的幻灯片”列表中，选择自定义的幻灯片添加到“在自定义放映中的幻灯片”列表中；v. 按“确定”按钮，完成自定义放映的设置，返回“自定义放映”对话框；vi. 在“自定义放映”对话框中，选择各个自定义组，单击“放映”按钮即可放映自定义的幻灯片。

实验十一　IE 浏览器的使用

一、实验目的

WWW 是目前 Internet 上应用最为广泛的服务，它把 Internet 上不同地点的相关数据信息有机地组织起来，可以看新闻、炒股票、在线聊天、玩游戏和进行查询检索等。因此，熟练使用和掌握与 WWW 相关的服务和技术是一种必须获得的技能。

二、实验环境

① 软件环境：Windows 2000 操作系统或 Windows XP 操作系统；Internet Explore。

② 硬件环境：计算机。

③ 网络环境：要求本地网络连接到 Internet 上。

三、实验内容及要求

a. 从地址栏输入一个 URL 浏览网页。

b. 从当前网页中的超链接跳转到另一页。

c. 将当前网页放到收藏夹中。

d. 通过收藏夹访问网页。

e. 通过历史记录访问网页。

f. 保存当前网页。

g. 保存当前网页中的部分文档信息。

h. 保存当前网页中的一幅图片。

i. 将 IE 的起始页改为空。

j. 将历史记录的保留天数改为 10 天。

k. 把“迅雷”下载到你的计算机上，并用它下载一个软件或一部电影。

利用搜索引擎进行自主学习：

a. 如何清除上网时产生的临时文件和历史纪录？

b. 如何在新浪网站（http://www.sina.com.cn）上创建自己的博客（Blog）？

c. 如何以匿名方式访问一个 FPT 服务器？并从你访问的 FTP 服务器上下载一个文件。

实验十二　电子邮件的使用

一、实验目的

① 学会如何申请免费的电子信箱。

② 掌握运算符、表达式及运算符优先级的使用。

二、实验环境

① 软件环境：Windows 2000 操作系统或 Windows XP 操作系统；Foxmail 或 Outlook。

② 硬件环境：计算机。

③ 网络环境：要求本地网络连接到 Internet 上。

三、实验内容及要求

下列实验例子中所有需要输入的操作命令（用下划线标志）都是 VFP 编程软件中的命令窗口中进行操作的。

1. 申请免费电子信箱

一般情况下，要申请免费的电子邮箱，首先需要进入电子邮件服务提供商的网站，找到申请入口，选择适当的用户名，填写密码及其他注册资料后即可。

2. 使用客户端电子邮件软件的用法

使用客户端电子邮件软件，可以方便地使用和管理电子邮件。目前最常用的客户端电子邮件软件有 Microsoft Outlook 或 Foxmail 等。Outlook 是微软公司出品的 Office 软件包中包含的客户端电子邮件软件；Foxmail 是由国内程序员开发的客户端电子邮件软件，可以到 http://www.Foxmail.com.cn 自由下载和使用。常用方法有如下几种。

a. 建立邮件账户。

b. 撰写和发送邮件。

c. 邮件的接受和阅读。

d. 回复、转发邮件。

e. 通信录管理。

四、实验结果

在通讯录中加入老师的邮箱，用通讯录中的地址给老师发一封信。邮件要求如下。

标题：班级/学号/姓名

内容：班级/学号/姓名

自我介绍

附件中附上你的一张照片

实验十三　邮件合并

一、实验目的

① 学会使用 Word 2003 的邮件合并功能，掌握邮件合并的操作方法。

② 掌握主文档的创建方法。

③ 掌握数据源的创建、修改方法。

④ 掌握合并文档的操作方法。

二、实验内容

使用 Word 2000 的邮件合并功能，创建学生成绩通知单。

三、实验步骤

邮件合并功能用于创建套用信函、邮件标签、信封、目录以及大宗电子邮件和传真分发。邮件合并进程涉及三个文档：主文档、数据源和合并文档。

- **主文档**：在 Word 2003 的邮件合并操作中，该文档包含对于合并文档的每个版本都相同的文本和图形，例如套用信函中的寄信人地址或称呼。
- **数据源**：该文件包含要合并到文档中的信息。例如，要在邮件合并中使用的名称和地址的列表，就必须首先连接到数据源，然后才能使用该文件中的信息完成邮件合并进程。
- **合并文档**：它是将邮件合并主文档与的地址列表合并后得到的结果文档。结果文档可以是打印结果文档或包含合并结果的新的 Word 2003 文档。

邮件合并的操作步骤如下：

1. 打开或创建一个主文档

启动 Word 2003，进入 Word 的文档窗口，创建主文档，如图 13-1 所示，取名为“成绩通知单.doc”。

成 绩 通 知 单

2007 级 中文、文秘专业 第一 学期

班级：中文文秘专业（80班） 姓名：

课 程 名 称	成绩
当代文学	
古代文学	
古代汉语	
法学概论	
文秘学	
形势与政策	
总分	
全班排名	

注：3月3日注册报到。开学后两周内补考。
此通知单请妥善保存，遗失不补。

成人教育学院

2007年2月12日

图 13-1 利用 Word 2003 创建的主文档

2. 打开或创建数据源

启动 Excel 2003，创建数据源，如图 13-2 所示，取名为“第一学期成绩.xls”。

	A	B	C	D	E	F	G	H	I	J	K
1	学号	姓名	当代文学	古代文学	古代汉语	法学概论	文秘学	形势与政策	总分	平均分	排名
2	0630301001	潘俊	89	80	68	88	81	88	494	82.3	1
3	0630301002	王艳	93	75	71	82	83	87	491	81.8	2
4	0630301003	余华	88	79	89	78	79	60	473	78.8	3
5	0630301004	婧文	85	80	84	82	67	74	472	78.7	4
6	0630301005	王永丽	75	65	85	88	60	82	455	75.8	5
7	0630301006	李映花	90	77	78	72	66	71	454	75.7	6
8	0630301007	李莉	74	74	70	79	63	86	446	74.3	7
9	0630301008	杨晓	82	60	65	74	63	82	426	71.0	8
10	0630301009	杨奕	65	66	62	76	43	76	388	64.7	9
11	0630301010	肖平	45	54	35	60	32	68	294	49.0	10

图 13-2 利用 Excel 2003 创建的数据源

3. 在主文档中可以添加合并域

合并域：它是你在主文档中插入的占位符。例如，插入“姓名”合并域，可以让 Word 2003 插入存储在“姓名”数据字段中的学生姓名，例如插入“潘俊”。

a. 在主文档中，选择“视图”→“工具栏”→“邮件合并”，出现邮件合并工具栏，如图 13-3 所示。

b. 单击邮件合并工具栏的“打开数据源”按钮，出现“选取数据源”对话框，如图 13-4 所示，选择数据源“第一学期成绩.xls”，然后单击“打开”按钮。